趋势是交易者最好的朋友，而转折的瞬间就是最佳交易机会

A SIMPLE TRADING METHOD BASED ON DOW THEORY

最简单的炒股方法

基于道氏理论的一种应用方法

陈小章 ◎ 著

转折信号 + 趋势研判 + 指数共振 + 仓位管理

交易系统

SPM
南方出版传媒
广东人民出版社
·广州·

图书在版编目（CIP）数据

最简单的炒股方法：基于道氏理论的一种应用方法/陈小章著. —广州：广东人民出版社，2019. 3

ISBN 978-7-218-13288-4

Ⅰ. ①最… Ⅱ. ①陈… Ⅲ. ①股票投资—基本知识 Ⅳ. ①F830. 91

中国版本图书馆 CIP 数据核字（2018）第 285513 号

ZUI JIANDAN DE CHAOGU FANGFA——JIYÜ DAOSHILILUN DE YIZHONG YINGYONG FANGFA

最简单的炒股方法——基于道氏理论的一种应用方法

陈小章 著

出 版 人：肖风华

责任编辑：赵世平
封面设计：张建民
责任技编：周 杰

出版发行：广东人民出版社
地 址：广州市大沙头四马路 10 号（邮政编码：510102）
电 话：（020）83798714（总编室）
传 真：（020）83780199
网 址：http：//www. gdpph. com
印 刷：佛山市迎高彩印有限公司
开 本：787mm×1092mm 1/16
印 张：13 **字 数**：150 千
版 次：2019 年 3 月第 1 版 2019 年 3 月第 1 次印刷
定 价：45. 00 元

如发现印装质量问题，影响阅读，请与出版社（020-83795749）**联系调换。**
售书热线：（020）83795240

序　言

本书介绍了我在深入学习、研究道氏理论的基础上，总结出的简单、实用的炒股方法。运用本书的方法，可以在风险较低的情况下有比较大的把握取得超越大盘的业绩，在股市里获得长期稳定的合理回报。

我的方法不需要听消息和做高深的分析，不需要死盯屏幕频繁操作，不需要为选择个股烦恼。但是需要信心和恒心！本方法适合一般的散户使用，使他们可以在股市中获得合理收益，不再抱怨股市不公平，也不再被别人批评不理性和不成熟。

我没有打算发明新的股市投资理论，一是我没有这个水平，二是股市已经存在这么多年，很多聪明人已经从不同角度研究出各种理论，我觉得只要认真研读这些理论，找到适合自己的部分加以运用就可以了。为此，我研究了各种具有科学性的股市投资理论后，认为道氏理论较好地解释了股票市场的基本规律，也适合我自己的个性和风格。我以该理论为指导，研究出一种简洁的股票投资操作方法。同时，我也运用道氏理论，并结合我的方法，将中国股市自2008年11月以后的部分实盘数据，进行了实盘操作研究，并将操作结果的收益计算在本书一并贡献给读者，以帮助读者更好地理解我的方法。

本书第一篇，我尽量用简洁的语言介绍我的方法，使读者可以轻松了解和掌握我的方法。这一篇是自成体系的，虽然简短，但理论基础、操作办法、操作业绩与大盘指数对比等已经全部包含在里面。第二至第四篇详细阐释了我长期学习、研究、实践、领悟的过程，并介绍了主要的股市投资理论及我对它们的理解。

要掌握本书介绍的方法，读者需要研读道氏理论及其他股市投资理论的原著，利用历史数据进行大量分析、练习，才能真正理解和掌握我的方法。我的方法是否有用，不是靠逻辑推理或者能言善辩来证明，只有业绩才是验证的唯一标准！如果读者使用我的方法，开始时能够3次、5次正确判断转折信号，并据此操作，体会到成功的喜悦，之后可以在股票市场10年、20年甚至更长的时间，获得满意的投资收益，这样才能证明我的方法是有用的、正确的。

“大道至简，悟在天成。”将复杂的事情变得简单，就是成功的第一步。

陈小章

2018年12月

CONTENNT **目　录**

第一篇

最简单的炒股方法

道氏理论有两个重要的假设。第一个假设是：市场行为包含一切信息。第二个假设是：长期趋势不会被人为操纵。

第一个假设的潜台词是：如果影响市场价格的所有因素最终反映在市场价格（K线走势图）之中，那么专心研究K线走势图就足够了。第二个假设是坚定我们的信心，要相信我们看到的通过K线走势图反映的市场表现。

第二篇

“另类”的投资思维

首先，我希望在股市获得合理回报。怎样才算“合理回报”？投资回报率能够达到平均每年15% ~20%的水平，就应该是比较满意的了。

第二，我期望我在股市的投资有比较低的风险水平，即不要超过我能够承受的亏损率。

第三，我期望我的操作可以比较轻松，不需要时时“盯盘”。

第四，我期望我的操作方法不需要依赖太多的“分析”和“信息”。

第三篇

化繁为简

我的方法以反向的周线长阴或长阳作为唯一的“转折信号”，这样的信号是明显的。如果加上几个指数的相互确认（形成共振），并考虑当前处于长期趋势中的哪一个阶段，就可以增加判断的准确性。但从长线角度讲，10%的长阴或长阳，比5%的长阴或长阳，其“转折信号”更可靠。

第四篇

投资大师的股市理论

我相信庞大的股市中，并非只有某种投资理论或投资方法是唯一有效的，股市完全可以容纳多种有效的理论和方法。所以，我们学习不同的理论时，注意力不应该放在分辨哪个理论对哪个理论错，而应该注重理解各个理论的背景、依据（或假设）、特点和重点等，从中寻找适合自己的理论，并且深入学习，这样最后才能形成对自己最有用的交易方法。

第一篇

最简单的炒股方法

道氏理论有两个重要的假设。第一个假设是：市场行为包含一切信息。第二个假设是：长期趋势不会被人为操纵。

第一个假设的潜台词是：如果影响市场价格的所有因素最终反映在市场价格（K线走势图）之中，那么专心研究K线走势图就足够了。第二个假设是坚定我们的信心，要相信我们看到的通过K线走势图反映的市场表现。

第一章　道氏理论简介

查尔斯·道是个绝顶聪明的人。1884 年，他开始构建 11 种重要的股票每日收盘价格的平均指数值。1897 年，他开始编制铁路和工业两类上市公司的价格指数，整理当时这两类股票五年齐全的交易数据，而且那时还没有计算器，更没有电脑。他通过两类平均价格指数来研究股价规律，居然在如此短暂的时间里开创了如此有用的理论！历经百年考验后仍然无出其右。

查尔斯·道本人并没有将他的经典思想命名为道氏理论，后来由威廉姆·皮特·汉密尔顿整理和发展，编写为《股市晴雨表》。罗伯特·雷亚又在卧病在床时，将道氏理论化繁为简，采用手册形式出版了《道氏理论》。

下面我先简单介绍一下道氏理论的主要内容，读者如果需要深入领会道氏理论的核心思想，必须详细、反复阅读有关道氏理论的原著。我自己从开始接触道氏理论到可以运用该理论进行比较正确的买卖操作，也都历时六年以上。

道氏理论的假设中，有两个是最重要的。第一个假设是：市场行为包含一切信息。第二个假设是：长期趋势不会被人为操纵。

第一个假设指出，在市场中，人们每天对于他们能够获得的一切诸如经济、政治、政策、个股甚至火灾、地震、战争等灾难的信息，不断加以评估和判断，并加入自己的心理因素，全部反映到市场的买卖决策中，表现在K线走势图上。这个假设的潜台词是：如果影响市场价格的所有因素最终反映在市场价格（K线走势图）之中，那么专心研究K线走势图就足够了。第二个假设是坚定我们的信心，要相信我们看到的通过K线走势图反映的市场表现，不要让“阴谋论”影响我们的判断。

道氏理论的主要内容为：

1. 股市的波动由短期趋势（日间波动）、中期趋势和长期趋势组成

道氏理论指出，股票指数的波动有三种趋势：短期趋势，持续数天至数个星期；中期趋势，持续数个星期至数个月；长期趋势，持续数个月至数年。任何时点，我们都处于这三种趋势的运动变化之中。

长期趋势最为重要，也最容易被人辨认、归类与了解。它是投资者主要的考量，对于投机者较为次要。中期与短期趋势都属于长期趋势之中，唯有明白它们在长期趋势中的位置，才可以充分了解它们，并从中获利。

中期趋势对于投资者较为次要，但却是投机者的主要考虑因素。它与长期趋势的方向可能相同，也可能相反。如果中期趋势严重背离长期趋势，则被视为是次级的折返走势或修正（correction）。次级折返走势必须谨慎评估，不可将其误认为是长期趋势的改变。

下图为 1990 年至 2018 年上证指数的长期和中期趋势。图中标出的是长期趋势，长期趋势中间的起伏就是中期趋势，最后一段的趋势是未完成的，有待观察以后的发展。

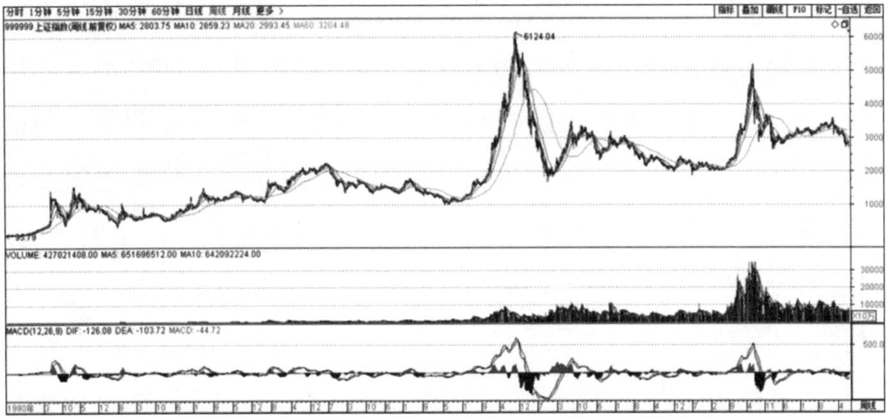

长期趋势的划分并没有确定的标准，不同的研究者可能有不同的

划分方法，但我认为这并不影响道氏理论的研究成果。在上图，我得到的启示是，股市的牛熊交替是必然的。我们不必去理会牛熊来得有没有道理，不必去猜测牛有多高，熊有多长，只要集中精神，观察牛熊转换的脚印就可以。要战胜市场，不是说你要在牛市赚得比大市多，你跟得上，不掉队就可以，关键是你在熊市不亏或亏得少，你就能跑赢大市。

短期趋势最难预测，唯有交易者才会随时考虑它。投机者与投资者仅在少数情况下，才会关心短期趋势：在短期趋势中寻找适当的买进或卖出时机，以追求最大的获利，或尽可能减少损失。

道氏理论不重视一个交易日中的最低价、最高价、开盘价，而只重视收盘价。这是因为收盘价是投资人对当天股价最后评价的结果，大部分人根据这个价位做买卖的决定，因此把收盘价放在首位。以下我们对股价的分析，除了特别说明，均是使用收盘价。

2. 各种指数必须相互确认

各种指数必须相互确认。指数确认是道氏理论中最重要的原则之一，说明只有绝大多数市场参与者一致认同，趋势才会形成。我目前选取的是沪深300、中小板指和创业板指三个指数。只有三种指数的相互确认，也就是呈现出相同或相近的波动时，趋势才能被确认，而单一指数的行为并不能成为趋势反转的有效信号。也就是说，只有当股价的运动方向得到了各个平均价格指数的互相确认时，才考虑它的价值。

下图是2018年4月13日沪深300、中小板、创业板和上证指数的走势，可以看出趋势并不同步，创业板处于中期上升趋势，其他几个指数处于中期下降趋势，最终创业板也没能够走出独立行情。

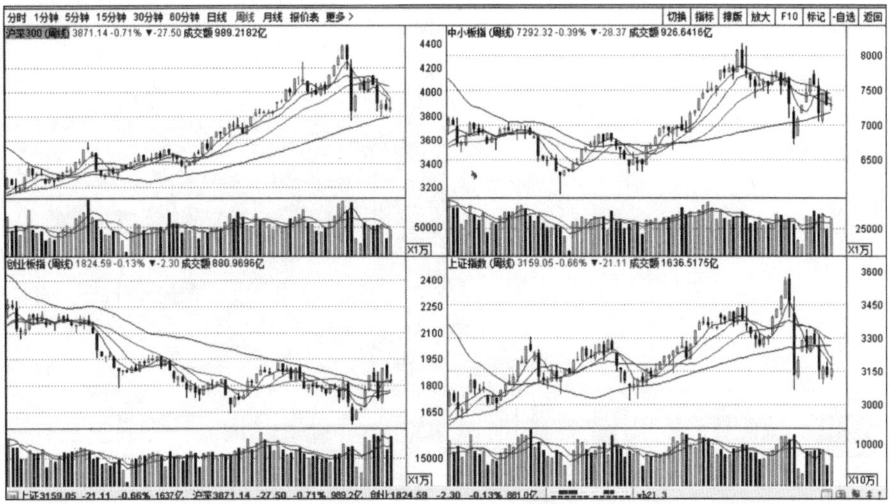

为什么需要各个指数相互确认？我的理解是股市上升和下跌的原因是人性的贪婪和恐惧。当各个指数一起下跌时，大家就会看到自己和周边的人都在亏损，于是恐惧就来了，市面上各种不利消息也放大了恐惧情绪，于是就越发引起大家出逃，于是就形成强烈的向下趋势。反之，当各个指数一起上升时，大家就会看到自己和周边的人都在赢利，于是贪婪就来了，市面上各种有利消息和财富效应也放大了贪婪情绪，于是就越发引起大家买入，于是就形成强烈的向上趋势。如果指数不同步，那么在这个阶段，有人盈利，有人亏损，赢的沾沾自喜，输的自认倒霉，形成不了社会化的恐慌或贪婪情绪，于是也就形成不了大的行情。

下图是 2018 年 8 月 3 日沪深 300、中小板、创业板和上证指数的走势，可以看出趋势已经同步了，如果接下来转折时各个指数也转为同步向上，那么形成大行情的机会就更大了。

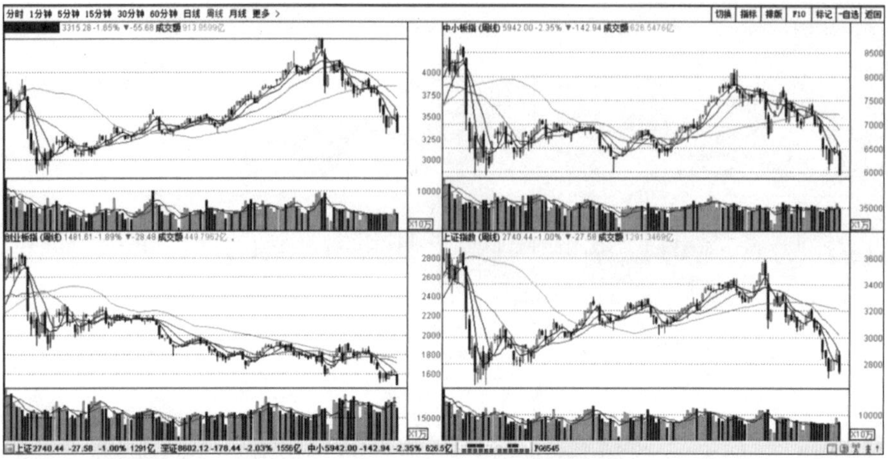

道氏理论不重视一个交易日中的最低价、最高价、开盘价，而只重视收盘价。这是因为收盘价是投资人对当天股价的最后评价的结果，大部分人根据这个价位做出买卖的决定，因此把收盘价放在首位。以下我们对股价的分析，除了特别说明，均使用收盘价。

3. 窄幅横盘的表现和判断

窄幅横盘是操作中最考验耐心和定力的阶段，通常用“市场没有方向”来形容。一个“线性窄幅区间盘整”的形态，一般持续五六周或更长的时间。在此期间内，各个平均价格指数的价格变化处于大约5%的窄幅区间范围内。这样的运动表示市场在收集或派发，这个期间个股可以很活跃，只是方向不同，互相抵消后大盘就变成横盘。如果各个平均价格指数同时向上突破盘整的区间，就表明市场是处在收集阶段，价格会走得更高；反之，如果各个平均价格指数同时向下突破盘整的区间，就表明市场是在派发，价格肯定会继续下跌。

4．对量价关系的表述

道氏理论也提到用成交量判断趋势的变化。它指出成交量的变化通常是跟随股价的变化而变化。因此，成交量也可以对主要趋势做辅助判断。在多头市场，成交量随着股价的上升而增加，随着股价的下跌而减少；在空头市场，成交量大多随着股价的下跌而增加，随着股价的上涨而减少。但这只是大致情况，有时也有例外。因此正确的结论，不能仅仅通过几天成交量的变化作为依据。在道氏理论中，最终结论只能由指数的变动产生，成交量仅仅是在一些有疑问的情况下，提供解释参考。

第二章　基于道氏理论的实盘操作方法

道氏理论以简洁的方式揭示了股票市场的运行规律，因为简洁，所以才能持久。我在研究如何运用道氏理论进行实际操作的时候，也不断放弃复杂的分析和技术，寻找与道氏理论配合的简洁操作方法。

最后，我发现不管如何简化，要投资股市，有三个问题是不能再简化的：

（1）买什么（选股）？

（2）什么时候买入？什么时候卖出？

（3）买（卖）多少（仓位管理）？

除了这三个问题，想想我们还需要做什么？要调研？要财务分析？要掌握各种知识？这是为了解决“买什么”的问题。要分析形势，要解读图形指标，要预测未来，是为了解决“什么时候买（卖）”的问题。什么时候全仓？什么时候空仓？更是谁都说不清楚的问题。所以，不管你是理性或是盲目，不管你是专家还是大妈，只要这三个问题解决了，做对了，你就可以在股市赚钱了！下面，我就介绍如何用我的方法解决这三个问题。

第一节　转折信号

个股是买卖股票最基本的标的，许多明星股、龙头股、强势股的表现也确实很诱人。于是无数股民前赴后继地挖掘优质股、追捧强势股、打探内幕股，许多高深的、独特的、最新的选股方法不断涌现，各种令人垂涎的选股致富的故事也广为流传，那些天天见红，迅速崛起，高高在上的股票也成为了激励股民奋勇向前的旗帜。

2015 年至今贵州茅台股价的出色表现：

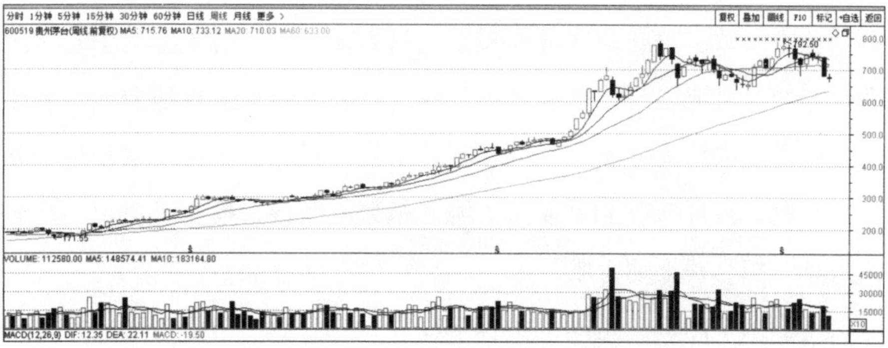

但是要找到好的股票其实真是不容易，既要掌握各种专业知识，又要不辞劳苦地奔波调研，还要和大小庄家斗智斗勇，辛苦程度不亚于自己去创办、管理这些企业。确实，我觉得成功的企业家要比成功的“选股家”要多得多。

再有，你在选择股票时，上市公司自身的质量、你分析研究的水平和误差、躲在暗地的大小庄家的陷阱以及复杂多变的国内外形势等等，都会带来巨大的不确定性，并不符合我的“在较低风险、较高确定性下获得合理收益”的投资目标，因此，我放弃了以个股为投资标的。

道氏理论研究的是大盘趋势，并不适合用于分析个股趋势。我的方法既然以道氏理论为基础，所以也应该以大盘趋势为投资依据。因此，紧贴指数趋势的指数型ETF基金，就成为了我基本的投资工具。

ETF基金全称是交易型开放式指数基金，通常又被称为交易所交易基金（Exchange Traded Funds，简称“ETF”），是一种在交易所上市交易的、基金份额可变的一种开放式基金。

ETF指数基金代表一篮子股票的所有权，是指像股票一样在证券交易所交易的指数基金，其交易价格、基金份额净值走势与所跟踪的指数基本一致。因此，投资者买卖一只ETF，就等同于买卖了它所跟踪的指数，可取得与该指数基本一致的收益。ETF指数基金通常采用完全被动式的管理方法，以拟合某一指数为目标，兼具股票和指数基金的特色。投资ETF指数基金，赚了指数就赚钱，投资者再也不用研究股票，担心踩上地雷股了。

下面两个图形，是同期沪深300指数与沪深300ETF基金的对比图，可以看出是它们的趋势是一致的。

2015年2月至今沪深300指数走势：

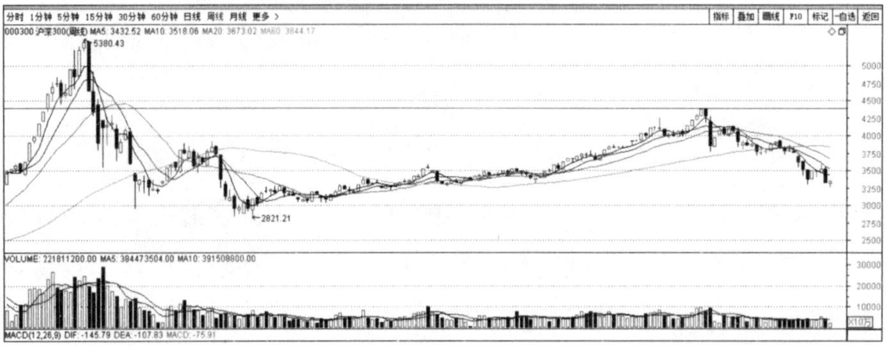

2015 年 2 月至今沪深 300ETF 走势：

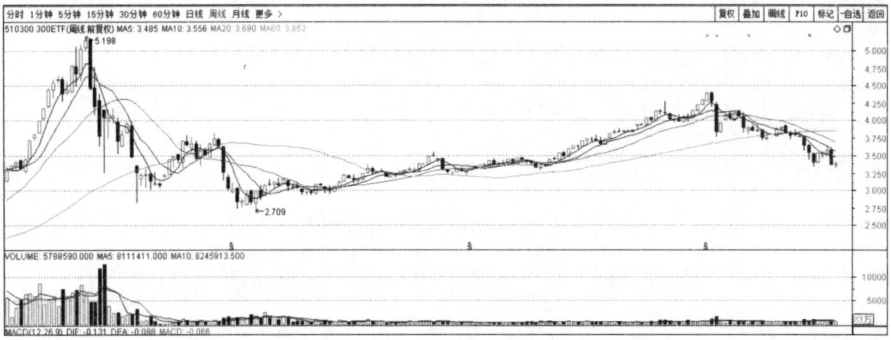

指数化投资还具有低管理费及低交易成本的特性。相对于其他基金而言，指数投资不以跑赢指数为目的，经理人只会根据指数成分变化来调整投资组合，不需支付投资研究分析费用，因此可收取较低的管理费用；另一方面，指数投资倾向于长期持有购买的证券，而区别于主动式管理因积极买卖形成高周转率而必须支付较高的交易成本，指数投资不主动调整投资组合，周转率低，交易成本自然降低。

目前，中国股市由深沪主板、中小板、创业板三大板块组成，因此，我选取沪深 300ETF（基金代码 510300）、中小板 ETF（基金代码 159902）和创业板 ETF（基金代码 159915）为购买标的。

沪深 300ETF 指数基金全称为“华泰柏瑞沪深 300 交易型开放式指数证券投资基金”，基金代码 510300，由华泰柏瑞基金管理有限公司管理。所跟踪的沪深 300 指数是中国市场具有良好的市场代表性的指数，覆盖了沪深两市六成左右的市值，其对 A 股的流通市值覆盖率超过 70%，分红和净利润占比超过 85%，因此，追踪沪深 300 指数的 ETF 基金也相当于投资于国家重要的经济行业和股票市场。沪深 300ETF 可以帮助跨国、跨市场的投资者以较低的投资成本建立可以综合反映中国市场整体经济构成的股票投资组合。沪深300ETF还实现了跨沪深两市投资并且支持一级二级市场之间T+0的交易，为大型投资者投资中国市场提供较为全面和便捷的投资工具。

华夏中小板ETF基金全称为中小企业板交易型开放式指数基金，基金代码159902。该基金主要采取完全复制法，即完全按照标的指数的成份股组成及其权重构建基金股票投资组合，并根据标的指数成份股及其权重的变动而进行相应调整。但在因特殊情况（如流动性不足等）导致无法获得足够数量的股票时，基金管理人将搭配使用其他合理方法进行适当的替代。

创业板ETF全称为“易方达创业板交易型开放式指数证券投资基金”，基金代码159915。基金采取完全复制法进行投资，即按照创业板指数的成份股组成及权重构建股票投资组合。但是当指数编制方法变更、成份股发生变更、成份股权重由于自由流通量调整而发生变化、成份股派发现金股息、配股及增发、股票长期停牌、市场流动性不足等情况发生时，基金管理人将对投资组合进行优化，尽量降低跟踪误差。基金力争将日均跟踪偏离度控制在0.2%以内，年化跟踪误差控制在2%以内。

该基金可以参与股指期货交易，但必须根据风险管理的原则，以套期保值为目的。本基金以标的指数成份股、备选成份股为主要投资对象。此外，为更好地实现投资目标，本基金可少量投资于新股（一级市场初次发行或增发）、债券、权证、股指期货以及法律法规或中国证监会允许基金投资的其他金融工具。基金根据相关法律法规或中国证监会要求履行相关手续后，还可以投资于法律法规或中国证监会未来允许基金投资的其它金融工具。

2014 年至今中小板指数走势：

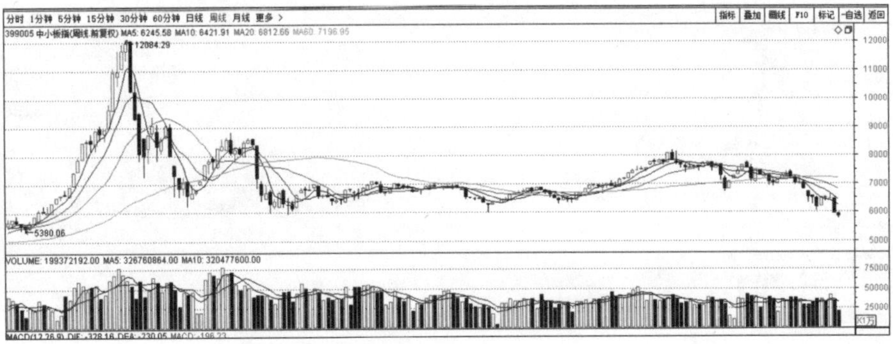

2014 年至今中小板 ETF 走势：

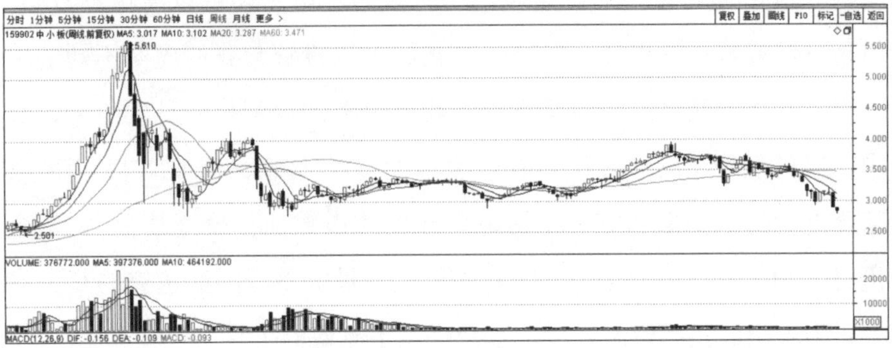

2014 年创业板指数走势：

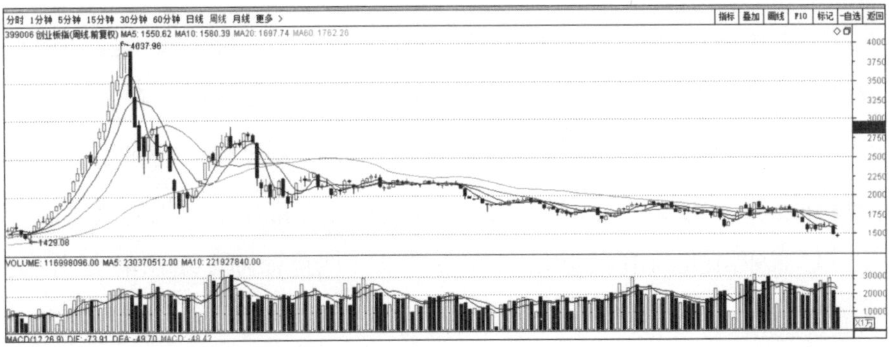

2014 年至今创业板 ETF 走势：

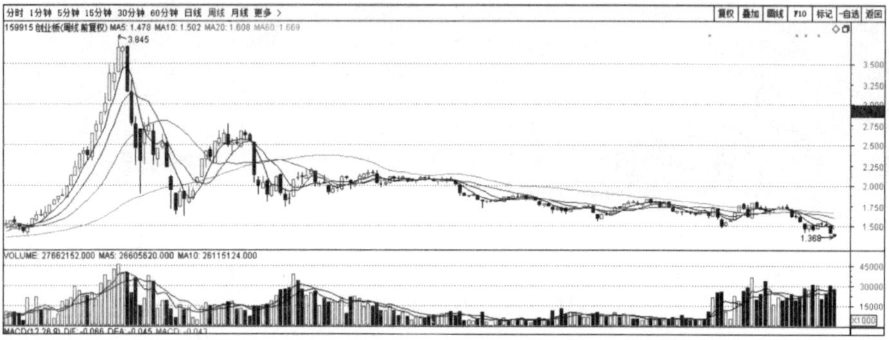

使用 ETF 指数基金作为投资工具，有一个比较大的缺陷，就是当国内 A 股市场处在一个长期熊市的阶段时，虽然你可以离场不亏损，但是也没有盈利的机会。如果这时我们可以投资与我们周期不同的境外指数基金，就可以逆周期投资，获得更多的盈利机会。近年来，我国已经出现跟踪国际股市和香港股市的 ETF 基金，例如 2013 年国泰基金发行的“纳斯达克 100 交易型开放式指数证券投资基金”，基金代码为 513100，就是采用 QDLL 的方式，投资美国纳斯达克的目标股票，为中国股民投资海外指数基金提供了有效的工具。

QDII（即 Qualified Domestic Institutional Investors，认可本地机构投资者机制），是允许在资本账项未完全开放情况下，内地投资者往海外资本市场进行投资。QDII 意味着将允许内地居民外汇投资境外资本市场，即指投资于香港及其他国家资本市场。QDII 可以为我国有序开放资本市场积累经验，将为培育内地机构投资者起到积极作用。基金公司开展 QDII 业务，主要是直接投资境外证券市场不同风险层次的产品。基金公司的 QDII 产品投向更为广泛，把目标锁定全球股票市场，具有专业性强、投资更为积极主动的特点。

在投资管理过程中，除了借助境外投资顾问的力量外，国内基金公司组成专门的投资团队参与境外投资的整个过程，享有完全的主动决策权。此外，基金 QDII 产品的门槛较低，可以直接在网上购买，适合更为广泛的投资者参与。

其他的境外 ETF 指数基金还有博时基金管理有限公司发行的“博时标普 500 交易型开放式指数证券投资基金（基金代码 513500）”以及南方基金管理股份有限公司发行的“南方恒生交易型开放式指数证券投资基金（基金代码 513600）”等。所以，将来也可以采用我的投资方法，投资全球市场的指数基金，将可以大大提高获利机会。下图是纳斯达克指数和纳指 ETF 的走势对比。

2017 年至 2018 年 8 月纳斯达克指数走势：

2017 年至 2018 年 8 月纳指 ETF 走势：

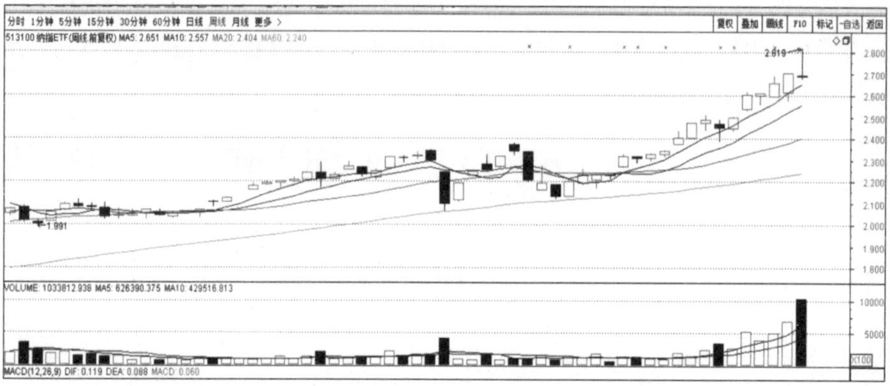

第二节　什么时候买（卖）

在上一节，我们已经确定以 ETF 指数基金为投资标的。那么，应该在什么时候买入？当然是在基金价格最低的时候买入，即你买入后，基金价格就只往高走，不会再创新低。什么时候卖出？当然是在基金价格最高时卖出，即你卖出股票后，基金价格就只往低走，不会再创新高。当然，大家会说我这样的回答是废话，因为谁都知道这是做不到的！那么，我们在接近最低时买入，在接近最高时卖出，又行不行呢？

首先，什么是价格最高和最低的时候？按照道氏理论，股市的涨跌有短期、中期和长期三种周期，那么也就应该有这三种周期的最高价格和最低价格。

下图是沪深 300 基金一个短期趋势（日线）的最高和最低价格：

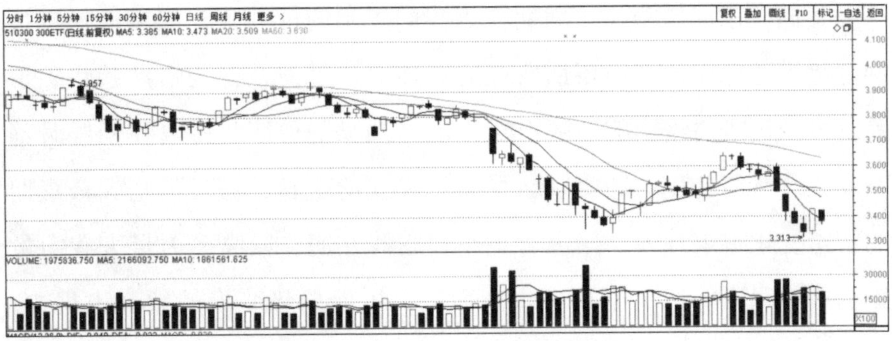

下图是沪深300基金一个中期趋势（周线）的最高和最低价格：

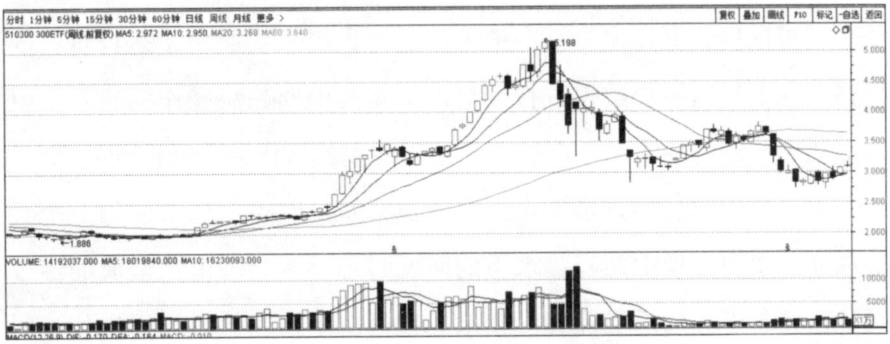

下图是沪深300基金一个长期期趋势（月线）的最高和最低价格：

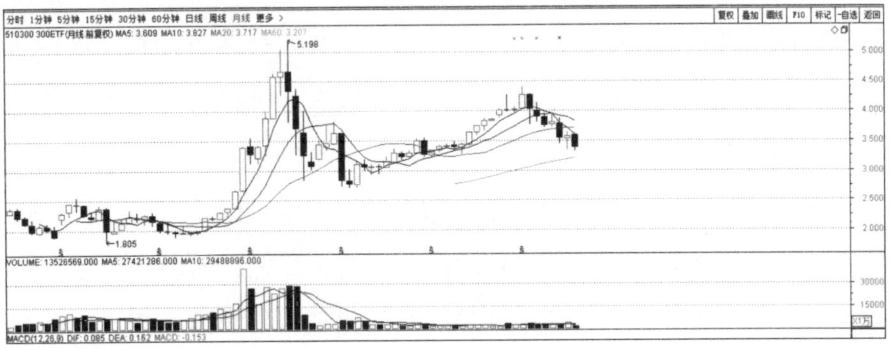

我们应该选择哪一个周期作为我们买卖的依据呢？如果选择按短期趋势进行操作，亦即俗话所说的“炒短线”时，因为短期趋势除了易受大众过激情绪影响，还有很大的被操纵的可能，所以我们要时刻判断大众情绪变化，还要判断看到的K线图是真是假。但是大众短期的情绪变化很难捉摸，操纵者更是在暗我在明，操纵者力量大我力量小，所以我赢的机会不可能大。而且，短期趋势变换的频率也很快，几小时甚至几分钟就要做出买卖决定，我没有时间也没有精力这样操作，所以，我没有选择“炒短线”。

中期趋势就不同了，一是被操纵的可能性不大，二是可以用周线作为分析依据，可以比较充分地考虑后再做出买卖决定，适合自己的性格。加上我用历史数据进行分析，证实按中期趋势操作的收益率也可以达到比较好的水平，所以我决定用中期趋势作为我操作的依据。

至于长期趋势，一是操作周期太长，如果以整个牛市作为一个买卖周期，中间出现中期趋势水平的回调时也不减仓，由此造成的浮亏可能已经超出我的承受能力。如果我在这次中期趋势时进行操作，回调开始时出来，结束时再进去，也可以提高我的整体盈利水平。同理，如果整个熊市阶段都不操作，也失去在熊市期间反弹的操作机会，减少了我的投资收益。而且，如果一定要以长期趋势作为买卖依据，很有可能将牛市开始误操作为“反弹”而不参加，将熊市开始误操作为“回调”而不离场，这样造成的损失将会更大，所以，我最终选择以中期趋势作为我的买卖依据。

那么，如果我们在一个向下的中期趋势转为向上的中期趋势时，找到转折时的最低点，就是最佳的买入机会。反之，如果我们在一个向上的中期趋势转为向下的中期趋势时，找到转折时的最高点，就是最佳的卖出机会。如何能够基本准确地判断出中期趋势的最高点和最低点，“转折信号”就成为唯一的关键。

首先我们讨论怎样才算一个中期趋势。我认为从实际操作的层面，超过6个星期左右的趋势就可以视为中期趋势。至于一个中期趋势超过半年或更长也不改变，这是完全有可能发生的，只要在这个过程中没有超过6个星期的反向运动，我们就认为这个趋势没有改变。中期趋势究竟会持续多长，这在实际操作中也同样是没有问题的，不会影响操作的结果。

经过漫长的思辨和研究，我发现可以将与已经形成的中期趋势反向的周线长阴（或者长阳）作为唯一的“转折信号”。这个道理其实是简单的，因为每一次的中期趋势能量都不小，所以要改变一个中期趋势也需要较大的反转能量，这个反转能量在K线上的表现方式，就是发生一个较大幅度的反向冲击（即K线图的长阴和长阳），然后不再创新低（或新高），这样就形成反转。同方向的运动不会反转中期趋势，能量不大的反方向运动也反转不了中期趋势，所以，只有明显的反方向运动（即长阴或长阳），才有可能反转中期趋势，这就是“转折信号”。个别时候，几个连续的反向中、小阴线（或中、小阳线）也可以合并起来视作一个转折信号。我并不打算从理论上证明这个结论，而是从实证的角度，检验了这个结论的正确（详见第三章）。

没有“转折信号”，趋势是不会反转的，但转折信号出现后有时也会不产生反转，这就是所谓的“无效信号”。一个转折信号出现后，一般在三周内会确认是否有效。如果三周内还是不能确认，那么顶多再看三周，如果转向新的趋势，那么信号就有效；如果回到原来的趋势，那么信号就无效；如果两者都不是，那么就是进入横盘整理了。

如果我们根据这个“无效信号”进行了操作，就叫作“误操作”。同样，如果我们怀疑一个有效的“转折信号”而没有操作，那么，这也是另一种情形的“误操作”。如果出现了误操作，唯一的办法就是马上改正错误，回到正确的仓位配置上来。

根据上述对“转折信号”的分析，就形成了一个基于中期趋势的买卖循环：

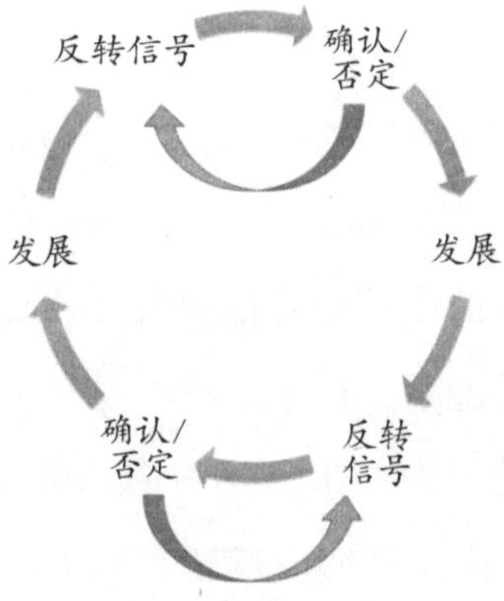

中期趋势循环

我的方法的本质，就是依据简单而重复的“转折信号”，争取在每一个中期趋势都“抄底”和“逃顶”。

第三节　仓位管理

我的这种方法已经尽量减少了投资时需要考虑的因素，也就是最大限度地排除了不确定因素。但是即使这样，在需要按下买卖的键盘时，始终还是犹疑不决。因为减少了决策的不确定性不等于可以变成精确的买卖决策，这也是我反复强调我的方法不会发展成电脑买卖程序的原因。我在实践中总结出来的只是一个相对稳定和误差范围可以接受的具体操作方法。

由于我的方法是基于对中期趋势转折信号的判断，所以确定当前的中期趋势就是必需的前提，如果你进入时刚好在转折期，那么你也可以很清楚地确定之前的中期趋势是上升还是下跌。我给出的中期趋势判断标准已经非常明确了，如果你还是不能判断当前的趋势，那么谈何转折呢？

趋势确定之后，同方向的运动是不用考虑转折的，很少的反向运动并很快回到原来的趋势时也不用考虑转折，只有周线的强烈反向运动或者连续两三周的小幅反向运动累计变得偏离幅度比较大了，就需要考虑是否可能转折了。

对于可能的转折信号，可以有敏感或者迟钝两种反应。

敏感反应，就是一有转折的苗头就进行操作，即如果原来是上升趋势，就马上抛售，如果原来是下行趋势，就马上买进。这样如果之后的趋势真的反转了，获利最大（升转跌时损失最少，跌转升时获利最大）。但是如果趋势没有反转，那么敏感的操作就会带来损失（继续升时需要补仓会带来损失，继续跌时需要卖出也会带来损失）。所以，对可能的转折信号采用敏感反应操作，是有利有弊的。

迟钝反应，即要等到转折信号得到所谓“确认”后再进行操作，但同样是有利有弊的。升转跌时，迟钝操作损失增加，跌转升时，获利减少。而且，所谓的“确认”也同样是不确定的，并没有“确认”的绝对标准，只是转折的可能性比较大而已。等到“确认”后才操作，仍然有误操作的可能，那么纠正误操作自然就会带来损失。迟钝反应的另一个弊端，就是在短的中期趋势时，比如说一个为期8周的中期趋势，可能在第3~5周才得到所谓“确认”，那么你操作后，很快就出现下一个转折信号了，这时你因为心理上的因素，可能不愿意卖出（或买入），结果会带来更大的损失。特别是在连续几个短周期时，心理上的挫折感就会更大。

既然敏感反应和迟钝反应都没有必然的好处，那么我的解决方法就是将资金分为敏感和迟钝两部分，比例大约是对半或者三七开。部分资金采取敏感的操作，部分资金采取迟钝的操作，通过这样来平衡，减少风险。

最后，回到开头，在疑似转折期的折腾过去后，还是要确定当前的中期趋势究竟是上升还是下跌！确定了，两部分资金就要会合了，上升趋势时坚决满仓，下跌趋势时坚决空仓，这样才不会错过长的上升时期的机会，避免长的下跌时期的损失。

第四节　转折信号操作要点

我的方法的本质，就是依据简单而重复的“转折信号”，争取在每一个中期趋势都“抄底”和“逃顶”。

在买卖实践中，我的一些主要体会是：

1. 不要试图去精确地计算“转折信号”

无数人追求精确计算“转折信号”，为此走入误区。例如道氏理论说“中期趋势，持续数个星期至数个月”，就是一个模糊的概念，但这无损这个理论的正确性。所以转折信号我也只能说是“较大幅度”。所谓“较大幅度”最好的衡量标准就是与最近一段时间内（例如5周到10周）的指数涨跌幅度进行对比，再根据当前具体环境和经验进行判断。如果你根据判断进行操作后，一定要用两三周的时间观察是否会误操作。如果这个期间的走势没有否定你的判断，那么恭喜你又操作对了一次，如果出现误操作，就一定要纠正，不能心存侥幸。要提高对“转折信号”的判断能力，一是靠反复研究指数走势的历史图形，二是靠你成功操作的经验积累。

2. 不要试图去猜测（或者“分析”）大盘以后的走势

在实盘交易中，要集中95%以上的精力，去看已经发生了的事情，去研究大盘的历史走势和近期走势，确认目前的中期趋势，研判是否产生了“转折信号”。只要你买入（或卖出）后，确实开始了下一个中期趋势，那么你的操作就对了，至于这一个中期趋势多高（或多低）和多长，那都是不可预测的，我们能够确信的是，这个中期趋势总有反转的那一天！

我的具体操作方法是：

（1）辨别趋势。根据本次中期趋势运行的时间和幅度辨认趋势的方向：处于向上的中期趋势，还是向下的中期趋势。如果辨别的时点刚好处于一次中期趋势后期可能转向的时候，就要小心辨别是已经发生反转或只是一次短期波动，本次中期趋势并未完结。另外，如果当前趋势是一次“线性窄幅区间盘整”，就要在出现突破时再进行判断。

（2）找到和确定本次中期趋势开始时的“转折信号”和最佳买入（卖出）点（可以使用“各种指数需要相互确认”这一原理来帮助判断），并以此作为本次操作的起点，这样才能保持正确的操作心态。例如你目前的位置，离上一次最佳买入位置已经上涨了15%，你买入后涨了5%就出现转折信号，你不能因为自己只盈利5%而舍不得离场，一定要考虑你本次已经盈利20%，以这样的心态确定是否离场。反之亦然，如果你在距离上次离场的最佳点位已经下跌15%时才离开，如果之后再下跌5%出现“转折信号”，你也要按已经下跌20%来计算，判断是否出现反转的“转折信号”。

（3）关于干扰信号和误操作的处理办法。干扰信号是指由于重大政策或重大事件造成的对股市趋势的影响。一般来说，干扰信号造成的影响会在一定时间内消化，股市会重新回到原来的趋势。

误操作的发生是无可避免的，一般来说误操作后1～3周就可以确定发生误操作，这时要立即纠正错误，回到原来的操作状态，这样损失总是有限的。如果心理上不肯认错，不肯纠正错误，这样就很容易造成严重后果。对于误操作并没有可以绝对避免的办法，这也是我的方法中唯一存在不确定性的地方。解决“误操作”问题，只有靠经验和运气！在实际交易中，我们唯一能做的是，尽量减少误操作的比例。从另一种意义上说，误操作的损失，是我们应该接受的成本——正因为有误操作的存在，才出现正操作。

我曾经对我的一个朋友说：“我的方法就是每周看看，本周没变，不动；下周没变，继续不动。这周变了，再看一周，真变了，进去（或出来）。周而复始！进去（或出来）后，如果不创新低（或新高），证明操作没错，如果错了，就坚决纠正。”以上这段话，也可以提供给各位参考。

第三章关于“转折信号”研究结果，可以更直观地解释我的方法。希望读者和我一样，反复研究指数的历史走势，反复阅读道氏理论的原著，这是获得成功的必由之路。

第三章　用中国股市数据进行“转折信号”分析

本章以沪深300指数为买卖标的，使用2008年11月至2018年8月的数据，按照我的投资方法，对每一个中期趋势及其买卖时点，逐一进行分析，以帮助读者理解和掌握具体的操作方法。

下图是沪深300指数2008年11月至今的长期趋势图，我会将其展开，分析其中每一个中期趋势的转折信号，以及其中的买卖时机。

下表为上证指数2008 年11 月至2018 年1 月经历的20 个中期趋势汇总表。

2008 年 11 月至 2018 年 1 月中期趋势分析汇总表

序号	开始日期	结束日期	历时（周）	开始时上周收盘价	结束收盘价	升（跌）幅	信号幅度
1	2008 年 11 月 7 日	2009 年 7 月 31 日	37	1677.83	3734.62	122.59%	15.84%
2	2009 年 7 月 31 日	2009 年 9 月 30 日	9	3734.62	3004.80	−19.54%	−4.81%
3	2009 年 9 月 30 日	2009 年 11 月 20 日	7	3004.80	3631.01	20.84%	6.29%
4	2009 年 11 月 20 日	2010 年 7 月 2 日	31	3631.01	2534.10	−30.21%	−6.84%
5	2010 年 7 月 2 日	2010 年 11 月 5 日	17	2534.10	3520.80	38.94%	4.46%
6	2010 年 11 月 5 日	2011 年 1 月 21 日	10	3520.80	2983.46	−15.26%	−6.50%
7	2011 年 1 月 21 日	2011 年 4 月 15 日	11	2983.46	3358.94	12.59%	1.79%
8	2011 年 4 月 15 日	2012 年 1 月 6 日	37	3358.94	2290.60	−31.81%	−1.76%
9	2012 年 1 月 6 日	2012 年 5 月 4 日	16	2290.60	2715.88	18.57%	4.53%
10	2012 年 5 月 4 日	2012 年 11 月 30 日	29	2715.88	2139.66	−21.22 $	−2.91%
11	2012 年 11 月 30 日	2013 年 2 月 8 日	9	2139.66	2771.73	29.54%	5.01%
12	2013 年 2 月 8 日	2013 年 7 月 19 日	22	2771.73	2190.48	−20.97%	−6.32%
13	2013 年 7 月 19 日	2013 年 9 月 13 日	7	2190.48	2488.90	13.62%	1.53%
14	2013 年 9 月 13 日	2014 年 7 月 18 日	43	2448.90	2148.01	−13.70%	−2.27%
15	2014 年 7 月 18 日	2015 年 6 月 12 日	46	2148.01	5335.12	148.38%	4.45%
16	2016 年 6 月 12 日	2015 年 9 月 30 日	15	5335.12	3202.95	−39.96%	−13.08%
17	2015 年 9 月 30 日	2015 年 2 月 25 日	11	3202.95	3838.20	19.83%	4.28
18	2015 年 12 月 25 日	2016 年 2 月 5 日	6	3838.20	2963.79	−22.78%	−2.79%
19	2016 年 2 月 5 日	2018 年 1 月 26 日	102	2963.79	4381.30	47.83%	2.96%
20	2018 年 1 月 26 日	从 2018 年 1 月 26 日开始的第 20 段，由于至今尚在演变中，无具体数据。					

这段期间历时九年多，按照“转折信号”方法进行交易，总收益为（假设下跌趋势时离场）472.12%。年化收益率约 21.5%。即使我们能够获得这个收益的 80%。也已经可以达到我的投资目标了。

第一段（上升波段）

日期：2008 年 11 月 7 日至 2009 年 7 月 31 日，历时 37 周。

指数升幅：1677.83 至 3734.62，升幅 122.59%。

转折信号：2008 年 11 月 14 日周线，升幅 15.84% 大阳线。

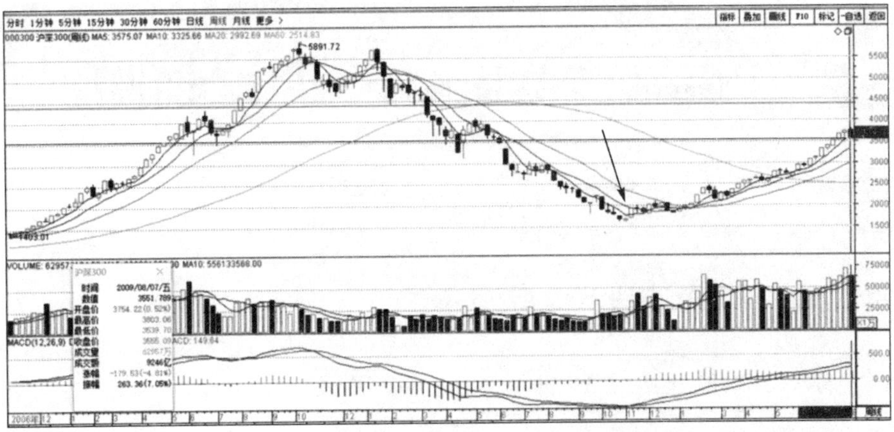

2008 年 12 月 12 日，转折信号后第四周，转折信号基本被确认。

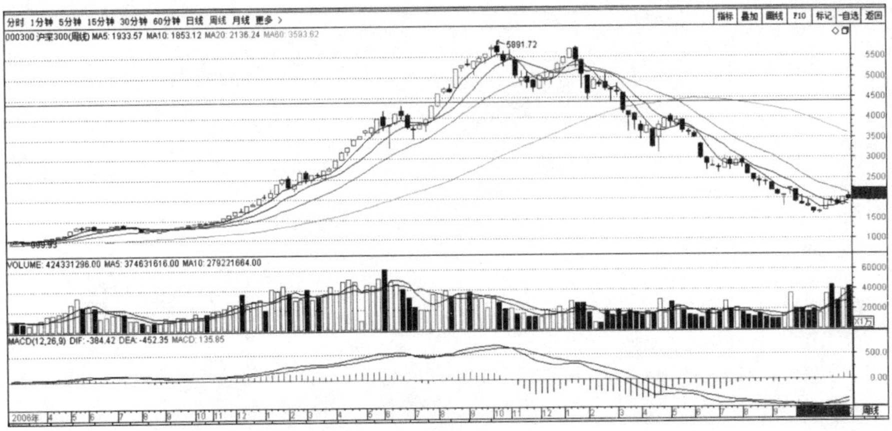

2008 年 11 月 4 日日线，可以看出有三次较好的买入机会：

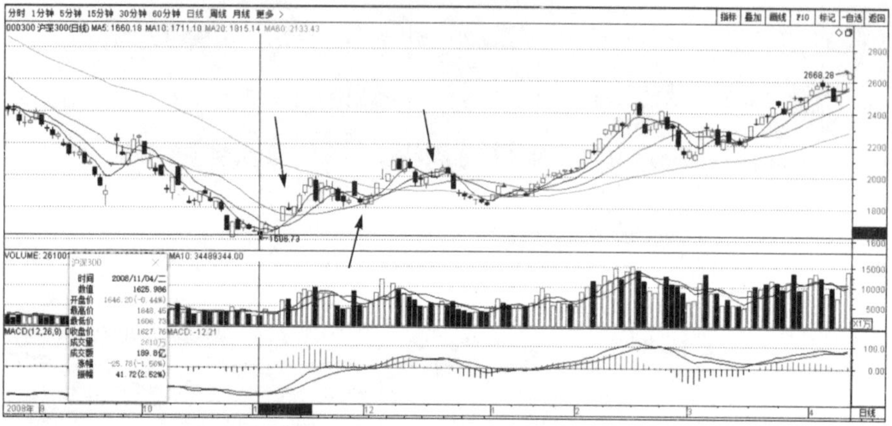

第二段（下降波段）

日期：2009 年 7 月 31 日至 2009 年 9 月 30 日，历时 9 周。

指数跌幅：3734. 62 至 3004. 8，跌幅 19. 54%。

转折信号：2009 年 8 月 7 日周线，跌幅 -4. 81% 大阴线。

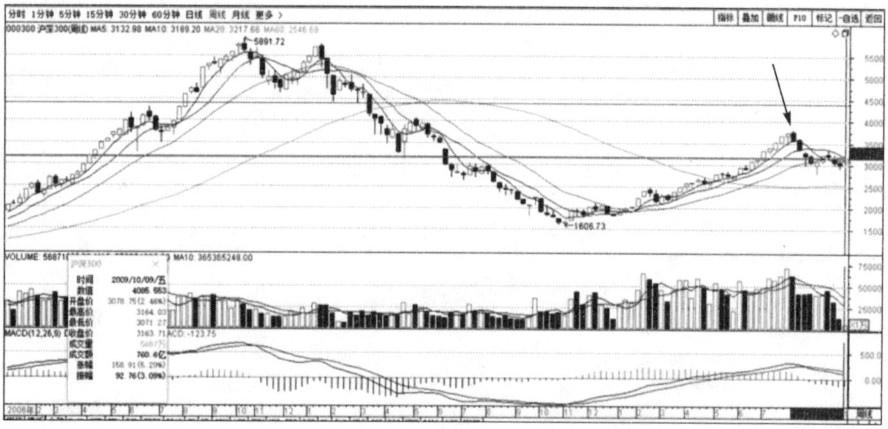

2009 年 8 月 28 日周线，疑似转折信号之后四周，确认转折。

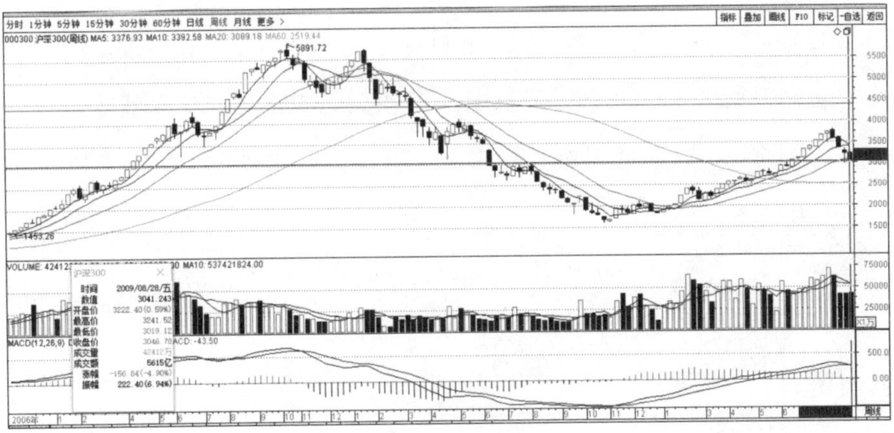

2008 年 8 月 7 日日线，可以看出减仓机会：

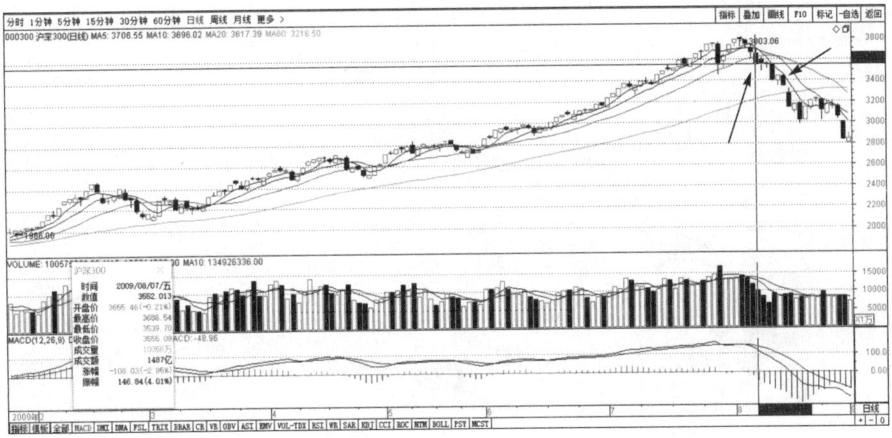

第三段（上升波段）

日期：2009 年 9 月 30 日至 2009 年 11 月 20 日，历时 7 周。

指数升幅：3004. 8 至 3631. 01，升幅 20. 84%。

2009 年 10 月 9 日周线，5. 29% 大阳线，疑似转折信号。

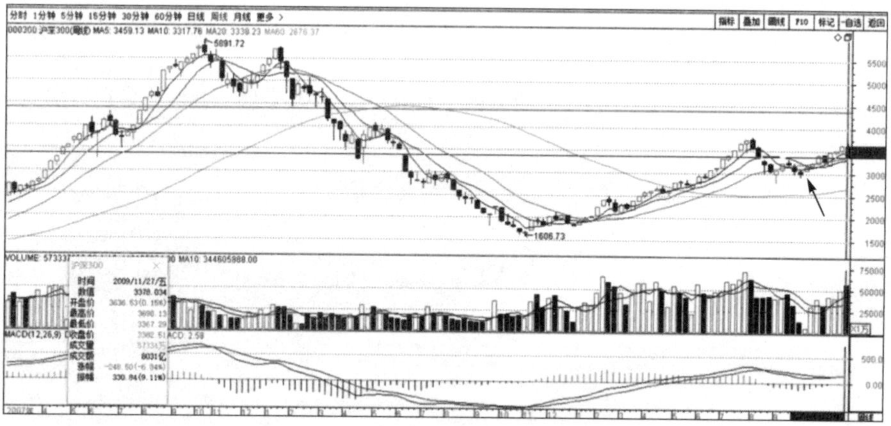

2009 年 10 月 30 日周线，疑似转折信号之后四周，基本确认转折。

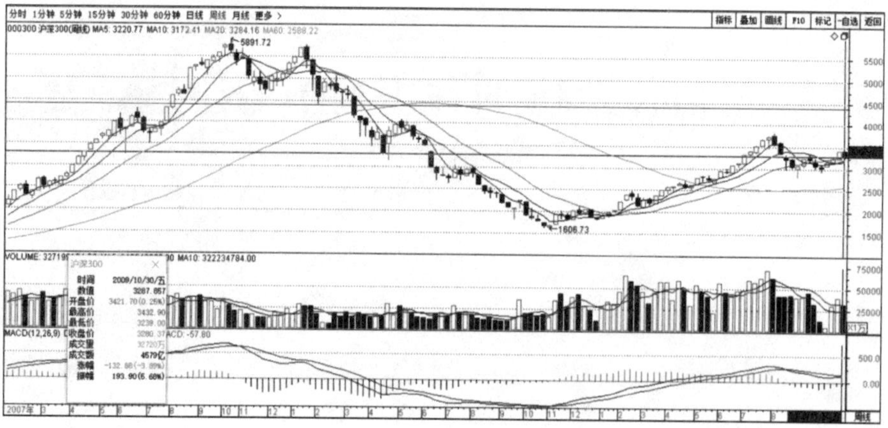

2009 年 10 月 9 日日线，买入机会如下：

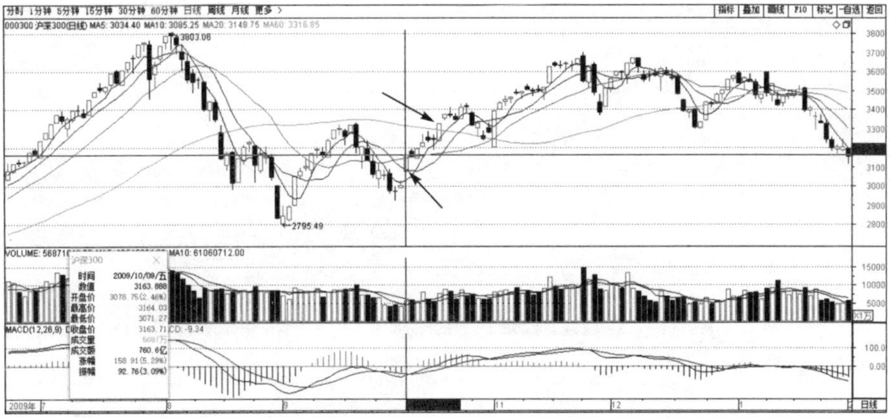

第四段（下降波段）

日期：2009 年 11 月 20 日至 2010 年 7 月 2 日，历时 30 周。

指数跌幅：3631.01 至 2534.1，跌幅 30.21%。

2009 年 11 月 27 日周线，－6.84% 大阴线，疑似转折信号。

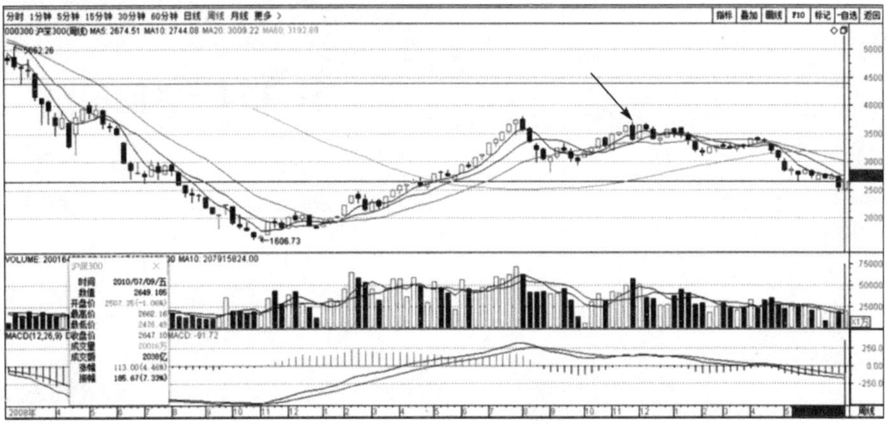

2009 年 12 月 26 日周线，疑似转折信号未确认。

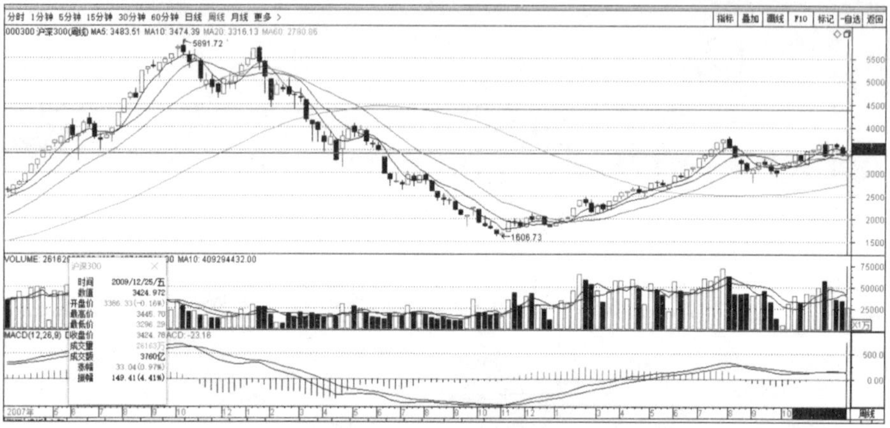

2010 年 1 月 15 日周线，判断为进入横盘趋势。

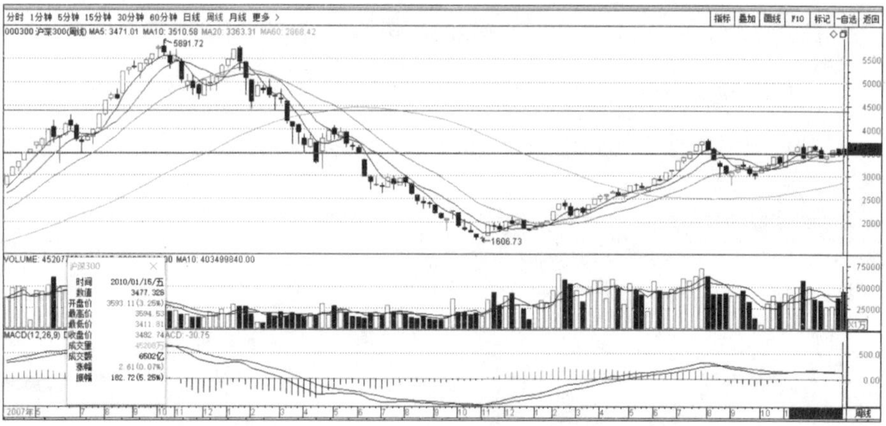

2010 年 1 月 29 日周线，横盘趋势向下突破，确认为继续下降趋势。

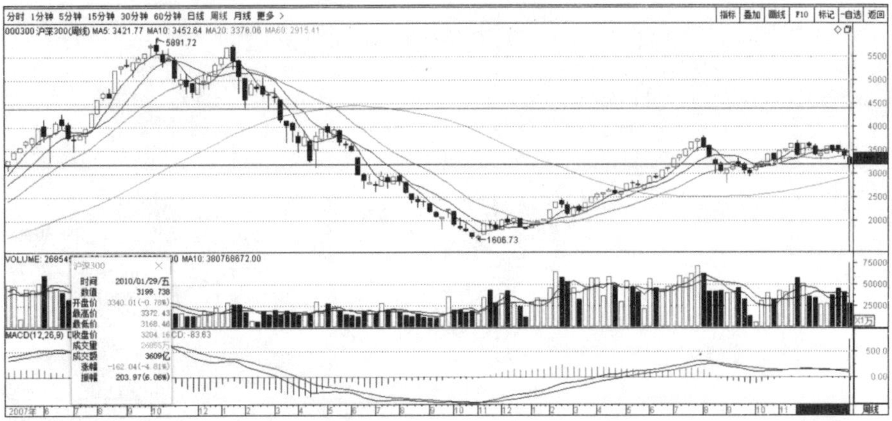

2009 年 11 月 26 日日线，减持机会如下：

第五段（上升波段）

日期：2010 年 7 月 2 日至 2010 年 11 月 5 日，历时 17 周。

指数升幅：2534.1 至 3520.8，升幅 38.94%。

2010 年 7 月 9 日周线，4.46% 大阳线，疑似转折信号。

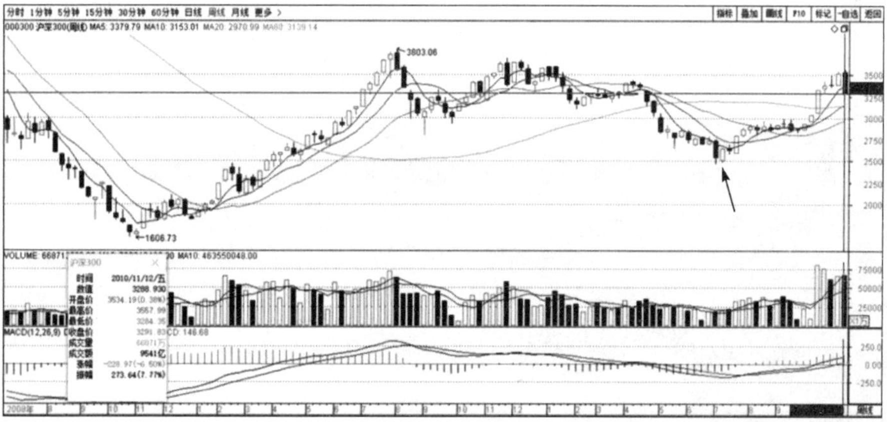

2010 年 8 月 6 日周线，疑似转折信号之后四周，转折信号初步确认。

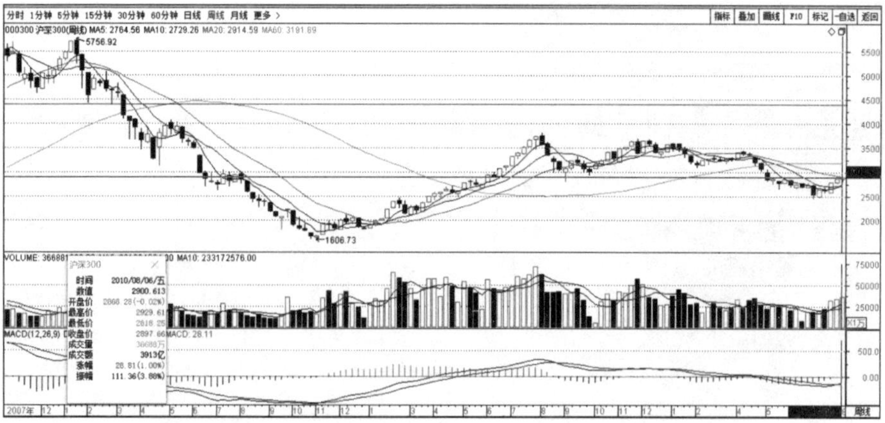

2010 年 7 月 6 日日线，买入机会如下：

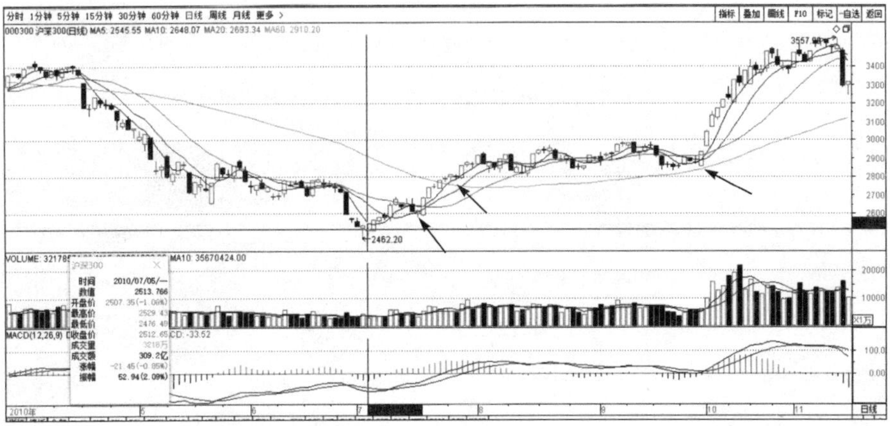

本次行情期间也出现了九个星期的横盘趋势，2010 年 10 月 8 日周线向上突破，确认继续上升趋势。

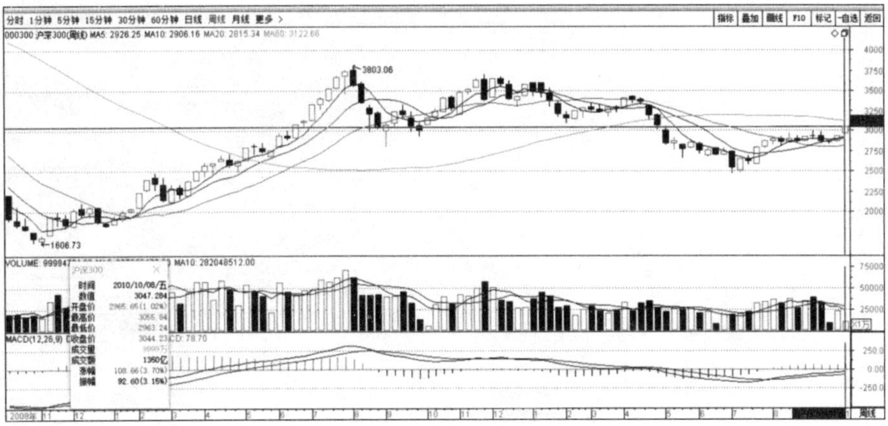

第六段（下跌波段）

日期：2010 年 11 月 5 日至 2011 年 1 月 21 日，历时 10 周。

指数跌幅：3520.8 至 2983.46，跌幅 15.26%。

2010 年 11 月 12 日周线，-6.50% 大阴线，疑似转折信号。

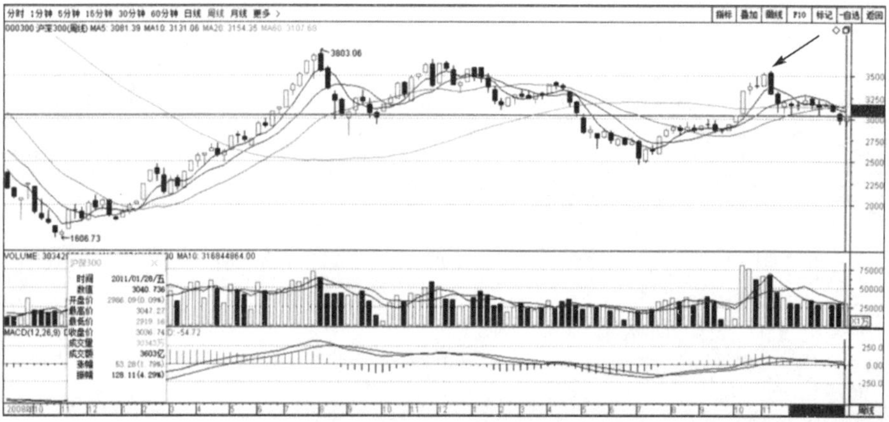

2010 年 12 月 3 日，疑似转折信号之后四周，基本确认转折信号。

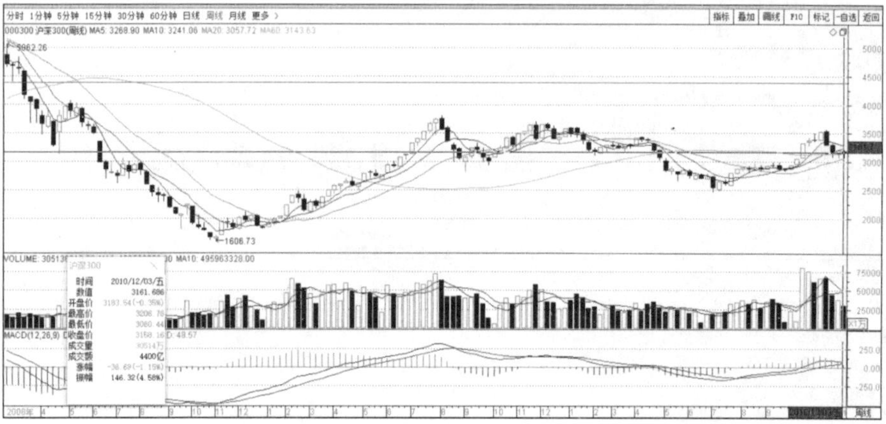

2010 年 11 月 12 日日线，减持机会如下：

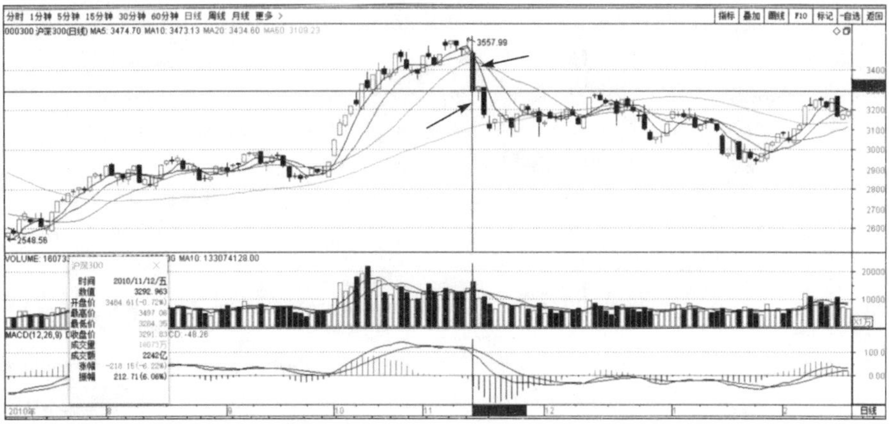

第七段（上升波段）

日期：2011 年 1 月 21 日至 2011 年 4 月 15 日，历时 11 周。

指数升幅：2983. 46 至 3358. 94，升幅 12. 59% 。

2011 年 1 月 28 日周线，1. 79% 阳线，疑似转折信号。

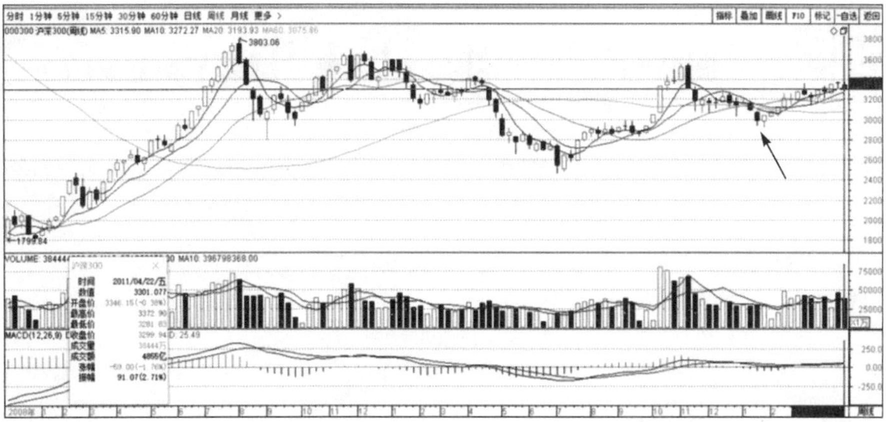

2011 年 2 月 18 日周线，疑似转折信号之后四周，信号确认。

2011 年 1 月 25 日日线，买入机会如下：

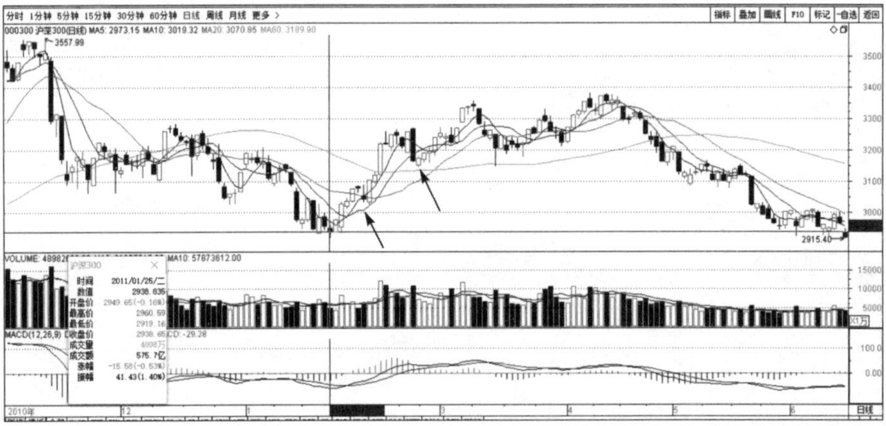

第八段（下跌波段）

日期：2011 年 4 月 15 日至 2012 年 1 月 6 日，历时 37 周。

指数跌幅：3358.94 至 2290.6，跌幅 31.81%。

2011 年 4 月 22 日周线，-1.76 阴线，疑似转折信号。

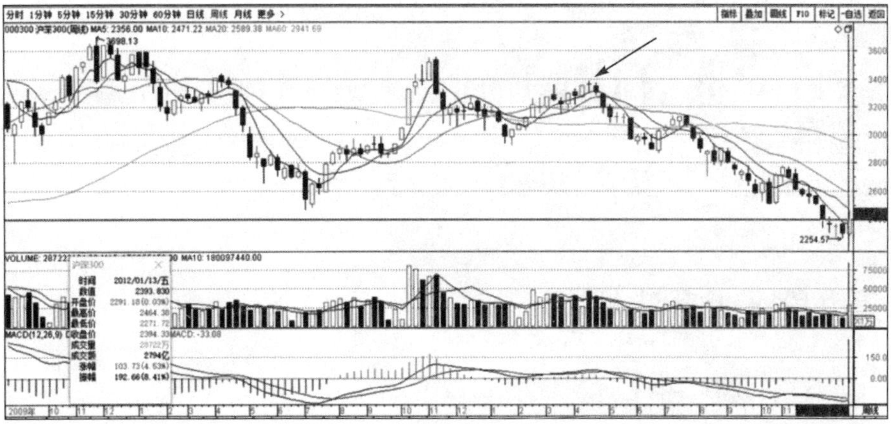

2011 年 5 月 6 日周线，疑似转折信号之后四周，信号确认。

2011 年 4 月 22 日日线，减持机会如下：

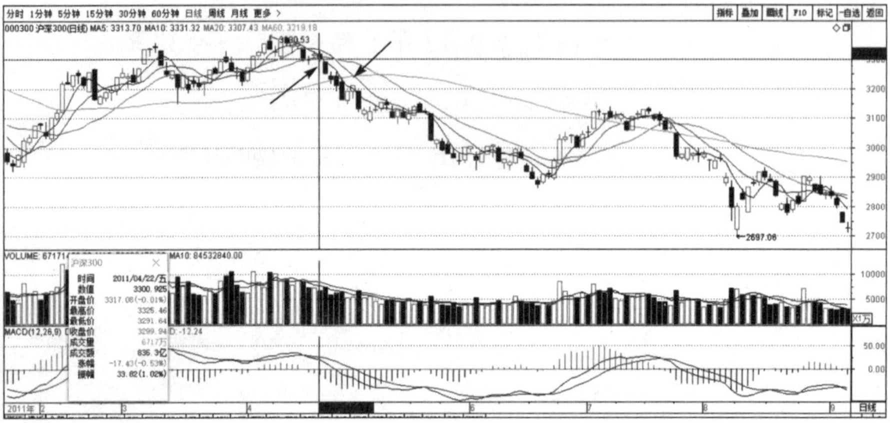

第九段（上升波段）

日期：2012 年 1 月 6 日至 2012 年 5 月 4 日，历时 16 周。

指数升幅：2290.6 至 2715.88，升幅 18.57%。

2012 年 1 月 13 日周线，4.53% 大阳线，疑似转折信号。

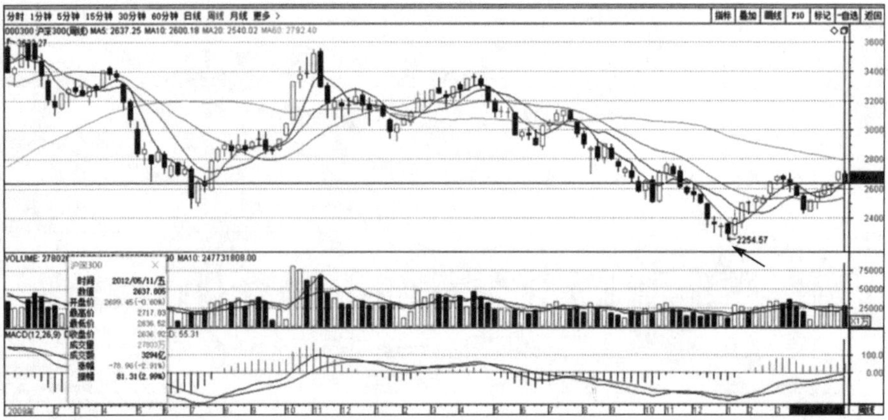

2012 年 2 月 17 日周线，转折信号之后四周，信号确认。

2012 年 1 月 5 日日线，买入机会如下：

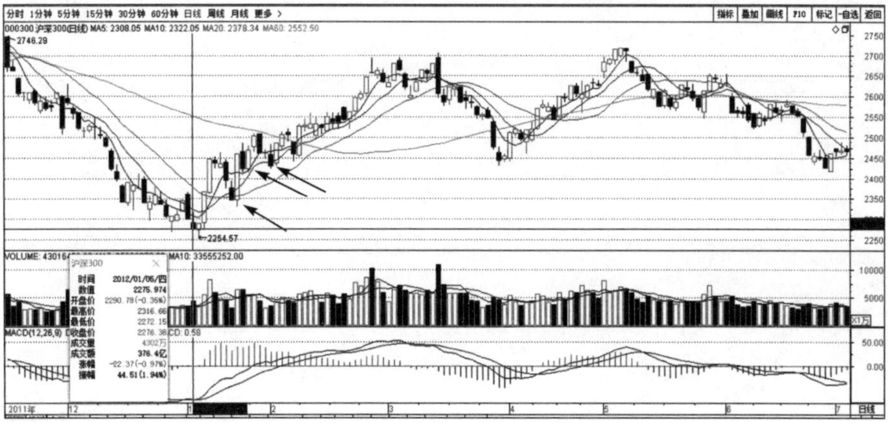

第十段（下跌波段）

日期：2012 年 5 月 4 日至 2012 年 11 月 30 日，历时 29 周。

指数跌幅：2715. 88 至 2139. 66，跌幅 21. 22%。

2012 年 5 月 11 日周线，-2. 91%阴线，疑似转折信号。

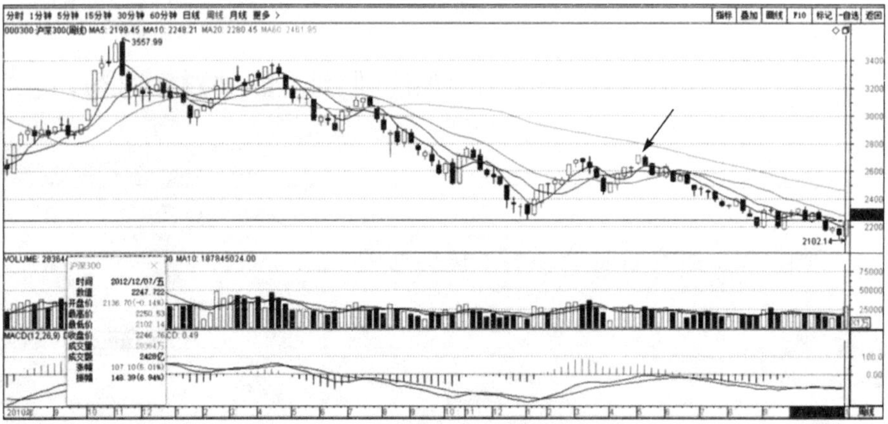

2012 年 6 月 8 日周线，疑似转折信号之后四周，信号确认。

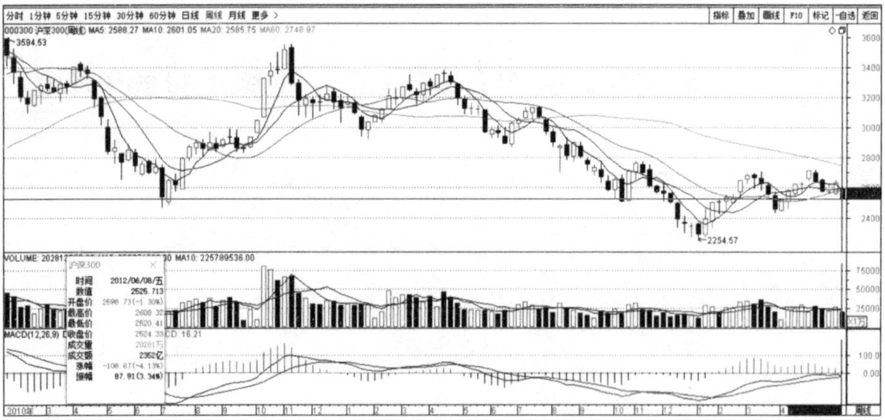

2012 年 5 月 7 日日线，减持机会如下：

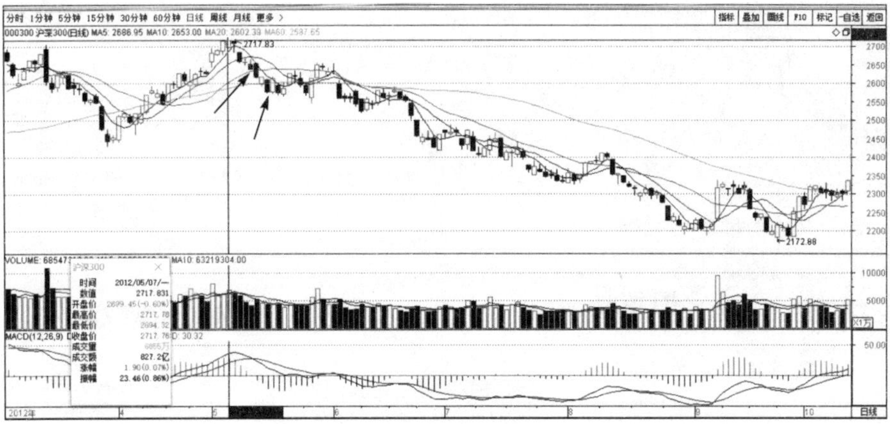

第十一段（上升波段）

日期：2012 年 11 月 30 日至 2013 年 2 月 8 日，历时 9 周。

指数升幅：2139. 66 至 2771. 73，升幅 29. 54%。

2012 年 12 月 7 日周线，5. 01% 大阳线，疑似转折信号。

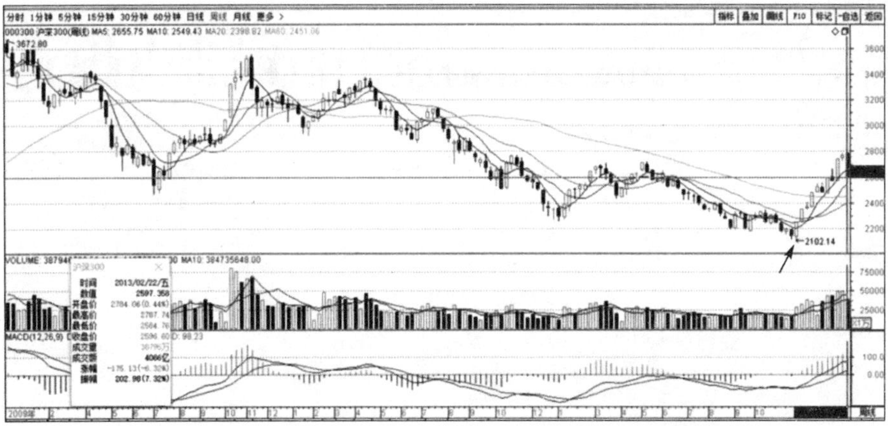

2012 年 12 月 28 日，转折信号后 4 周，信号确认。

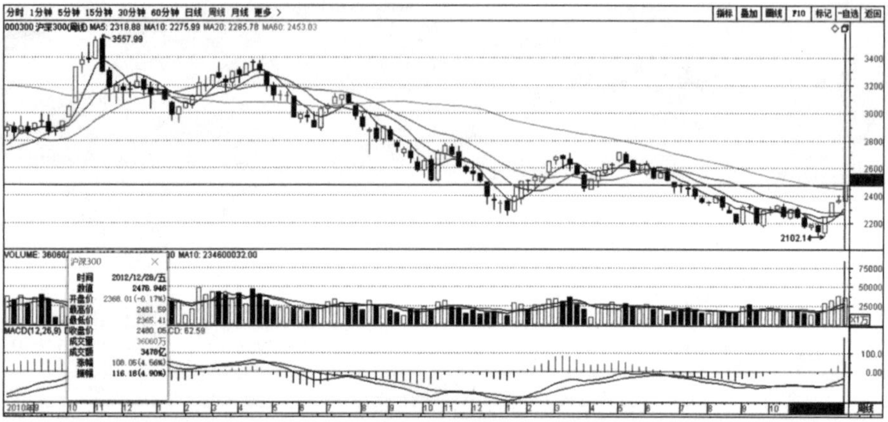

2012 年 12 月 3 日日线，买入机会如下：

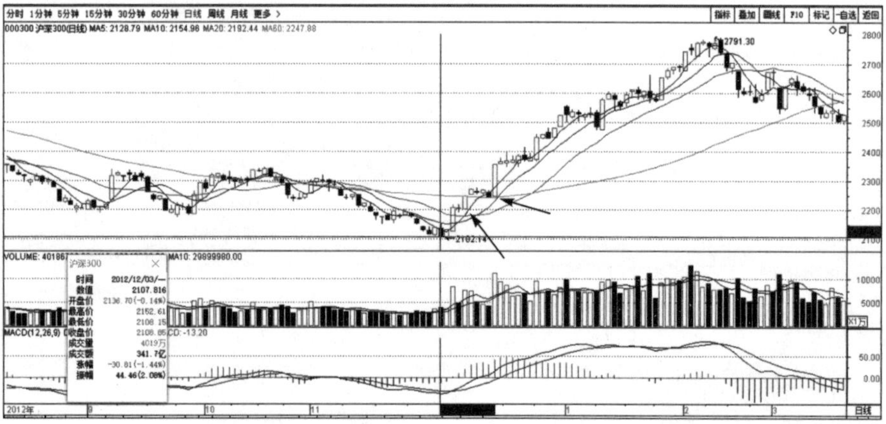

第十二段（下跌波段）

日期：2013 年 2 月 8 日至 2013 年 7 月 19 日，历时 22 周。

指数跌幅：2771. 73 至 2190. 48，跌幅 20. 97%。

2013 年 2 月 22 日周线，－6. 32%大阴线，疑似转折信号。

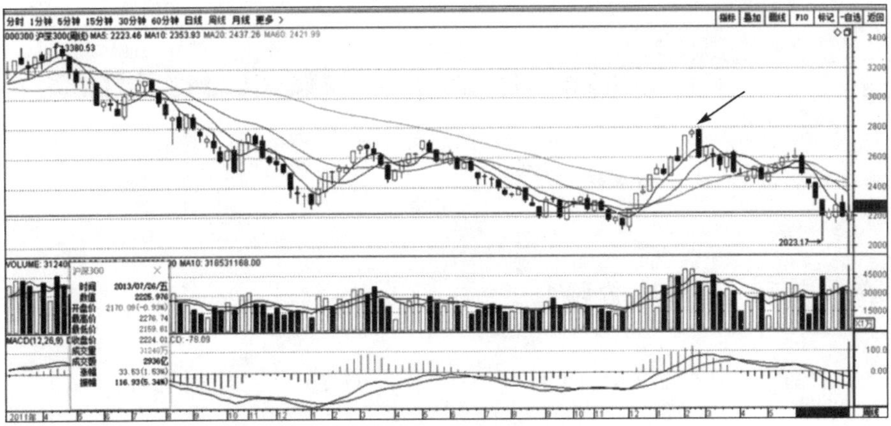

2013 年 3 月 15 日周线，转折信号之后 3 周，信号确认。

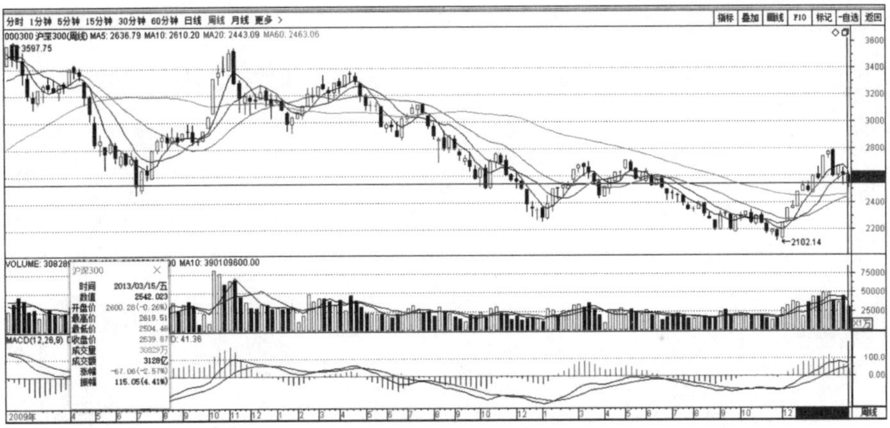

2013 年 2 月 8 日日线，减持机会如下：

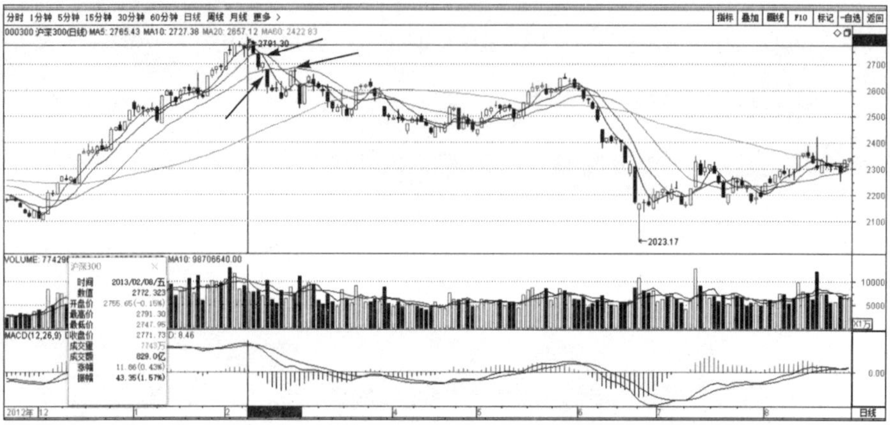

第十三段（上升波段）

日期：2013 年 7 月 19 日至 2013 年 9 月 13 日，历时 7 周。

指数升幅：2190.48 至 2488.90，升幅 13.62%。

2013 年 7 月 26 日周线，1.53% 阳线，疑似转折信号。

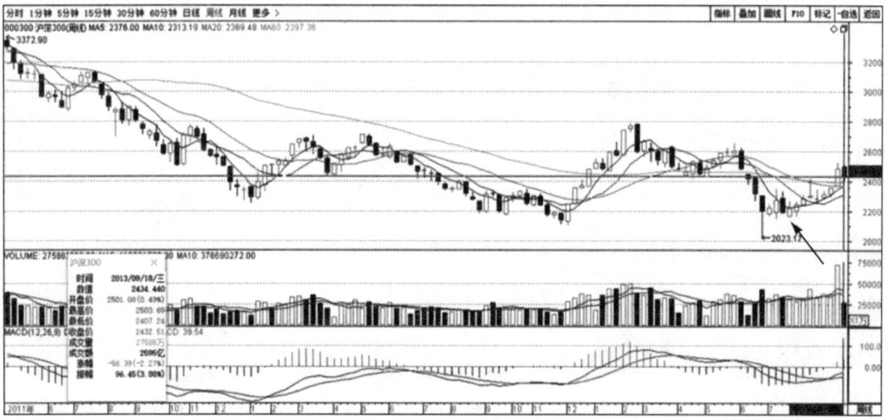

2013 年 8 月 23 日周线，疑似转折信号之后四周，信号未否定。

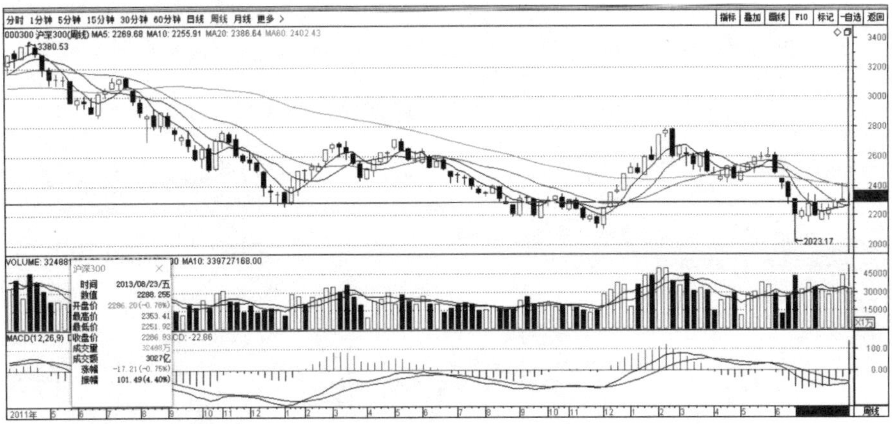

2013 年 7 月 29 日日线，买入机会如下：

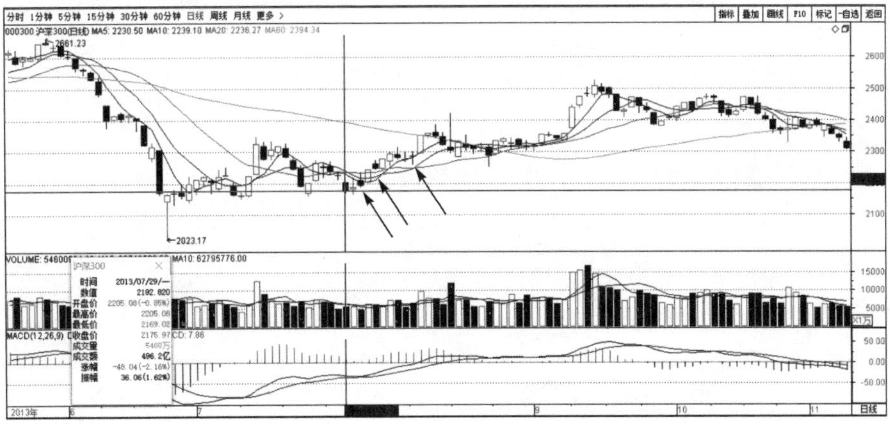

第十四段（下跌波段）

日期：2013 年 9 月 13 日至 2014 年 7 月 18 日，历时 43 周。

指数跌幅：2488.90 至 2148.01，跌幅 13.70%。

2013 年 9 月 18 日周线，-2.27%阴线，疑似转折信号。

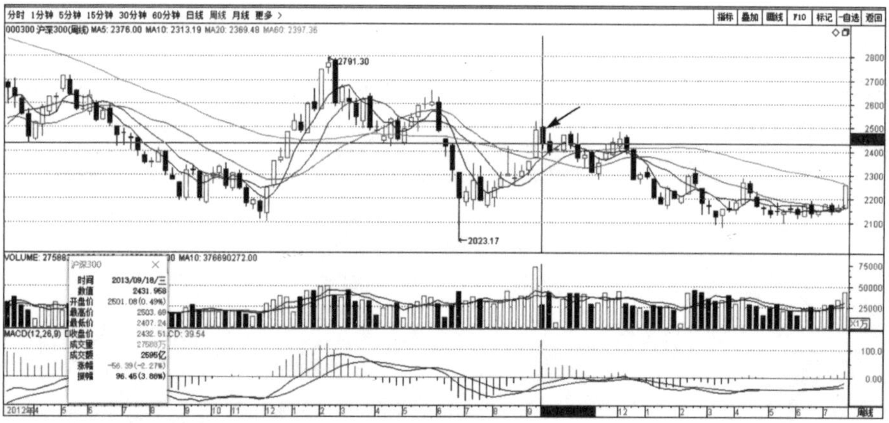

2013 年 10 月 18 日周线，疑似转折信号未确认，可能进入横盘趋势。

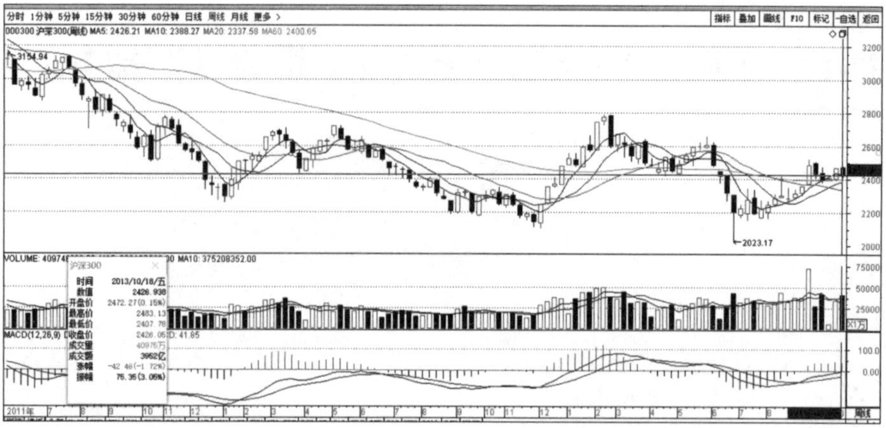

2013 年 11 月 8 日周线，横盘趋势向下突破，确认向下趋势。

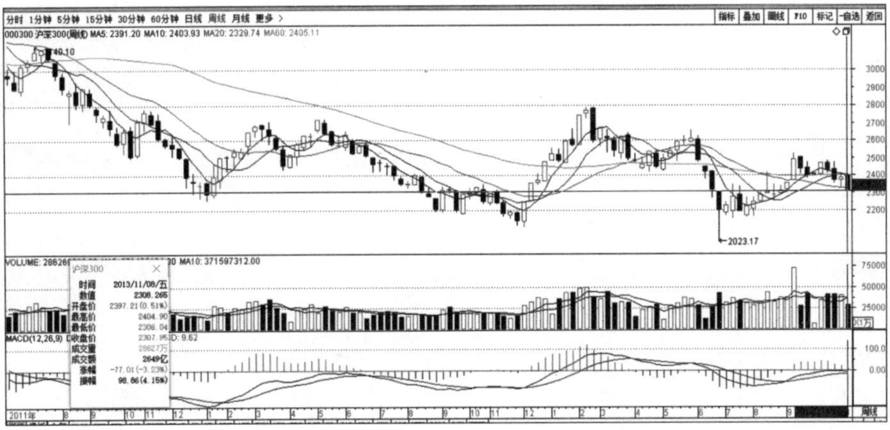

2013 年 9 月 12 日日线，减持机会如下：

第十五段（上升波段）

日期：2014 年 7 月 18 日 2015 年 6 月 12 日，历时 46 周。

指数升幅：2148. 01 至 5335. 12，升幅 148. 38%。

2014 年 7 月 25 日周线，4. 45% 阳线，横盘趋势向上突破，确认转折信号。

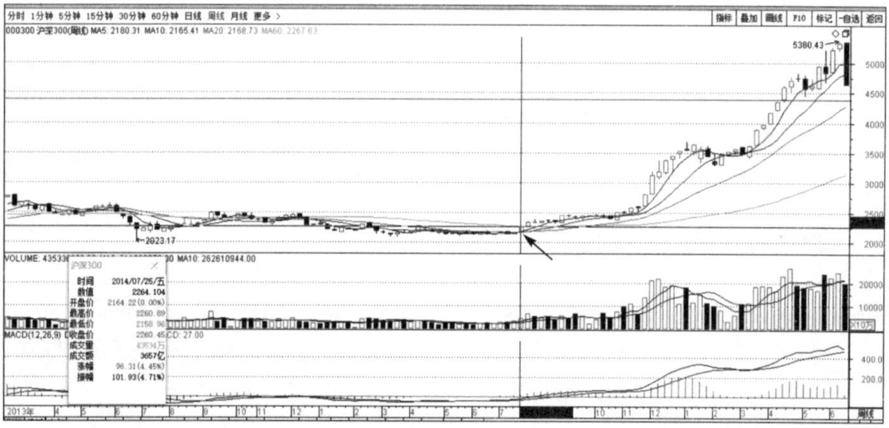

2014 年 8 月 15 日周线，疑似转折信号之后三个星期，信号确认。

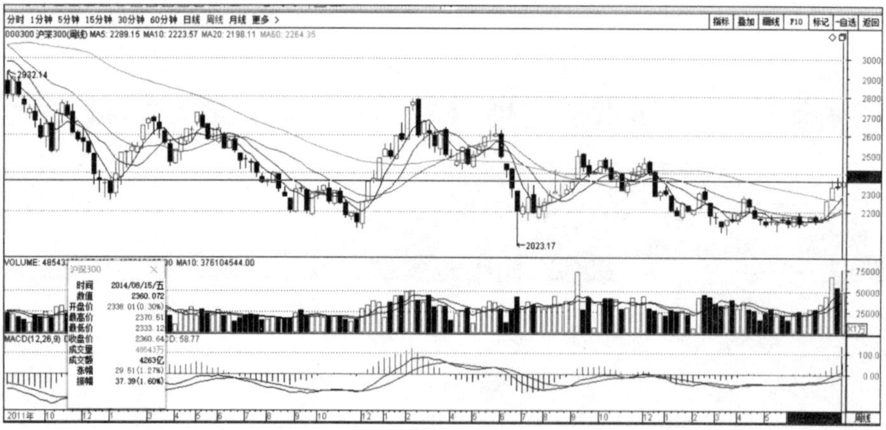

2014 年 7 月 24 日日线，买入机会如下：

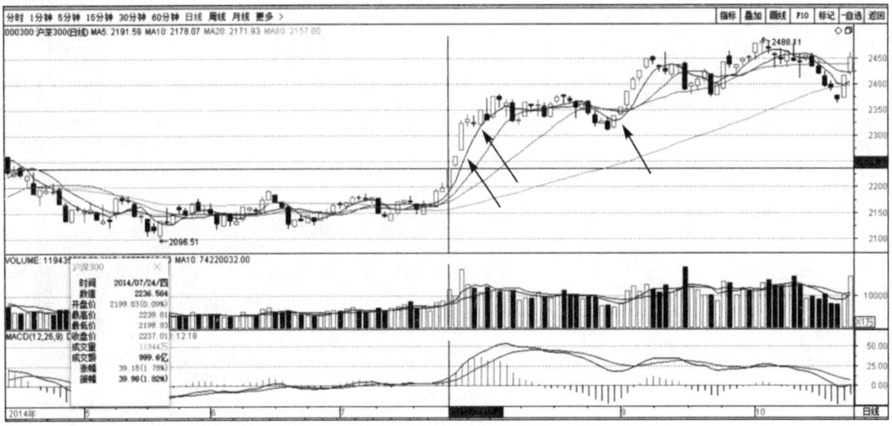

第十六段（下跌波段）

日期：2015 年 6 月 12 日至 2015 年 9 月 30 日，历时 15 周。

指数跌幅：5335.12 至 3202.95，跌幅 39.96%。

2015 年 6 月 19 日周线，－13.08%大阴线，疑似转折信号。

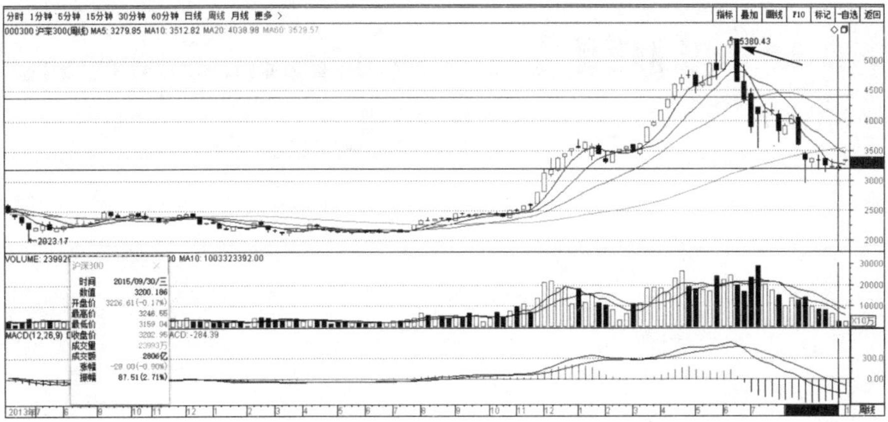

2015 年 7 月 3 日周线，转折信号后三周，不得了，腰斩！

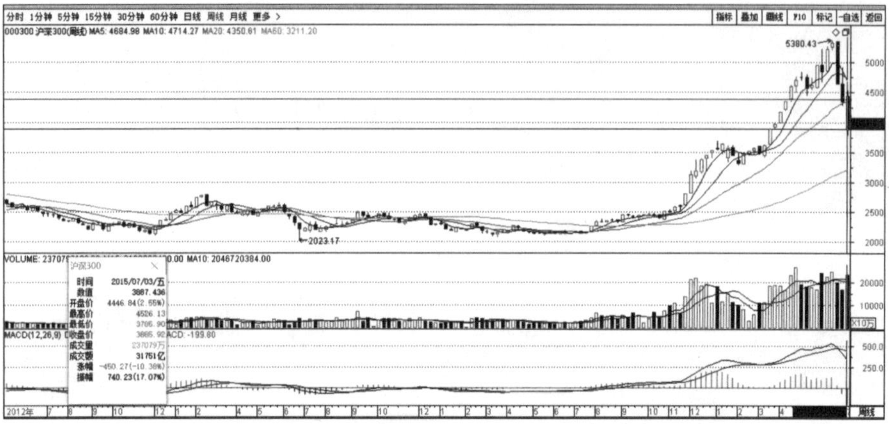

2015 年 5 月 28 日日线，减持机会如下：

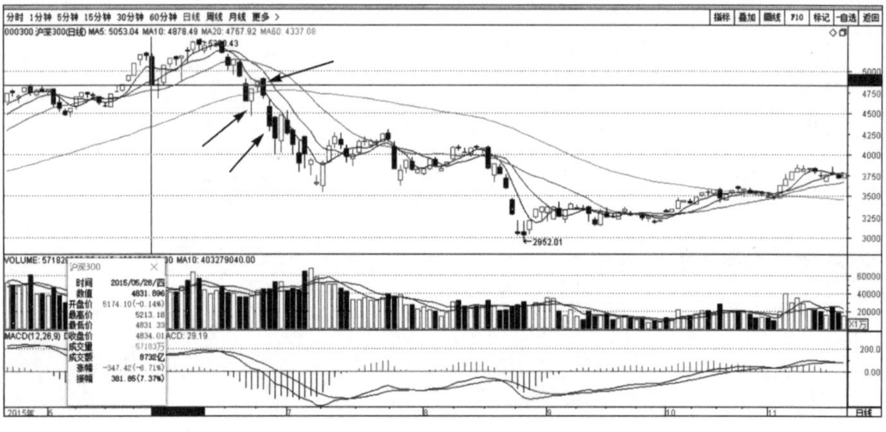

第十七段（上升波段）

日期：2015 年 9 月 30 日至 2015 年 12 月 25 日，历时 11 周。

指数升幅：3202. 95 至 3838. 20，升幅 19. 83%。

2015 年 10 月 9 日周线，4. 28% 大阳线，疑似转折信号。

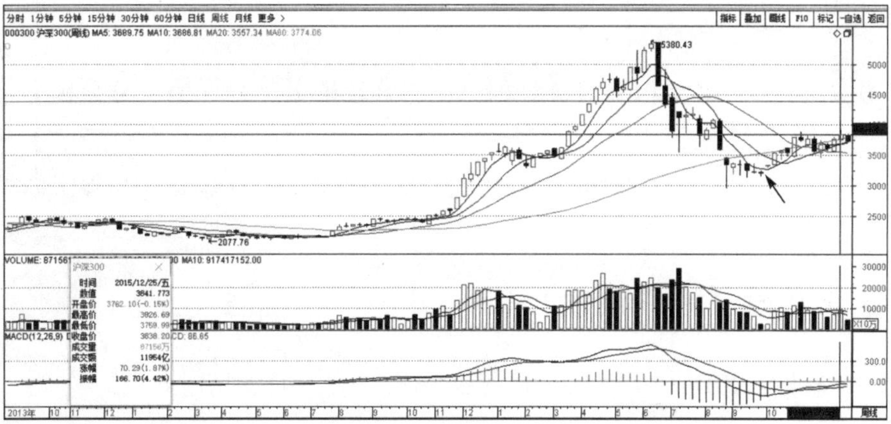

2015 年 11 月 6 日周线，转折信号之后第四周，信号确认。

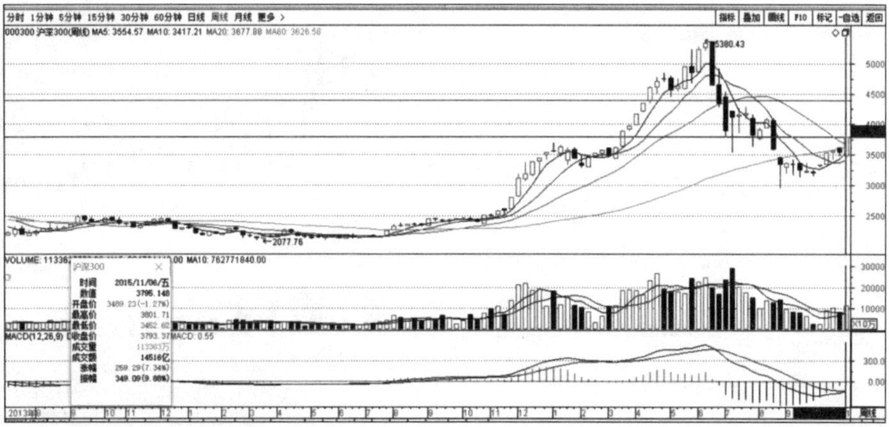

2015 年 9 月 30 日日线，买入机会如下：

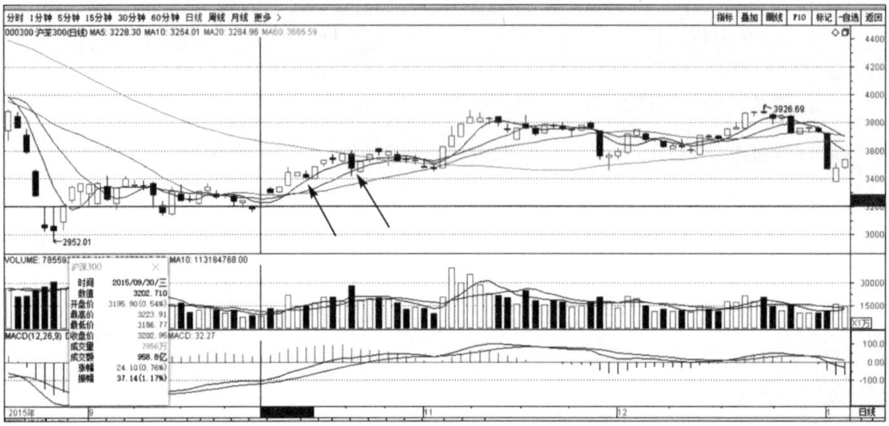

第十八段（下跌波段）

日期：2015 年 12 月 25 日至 2016 年 2 月 5 日，历时 6 周。

指数跌幅：3838. 20 至 2963. 79，跌幅 22. 78%。

2015 年 12 月 31 日周线，-2. 79 阴线，疑似转折信号。

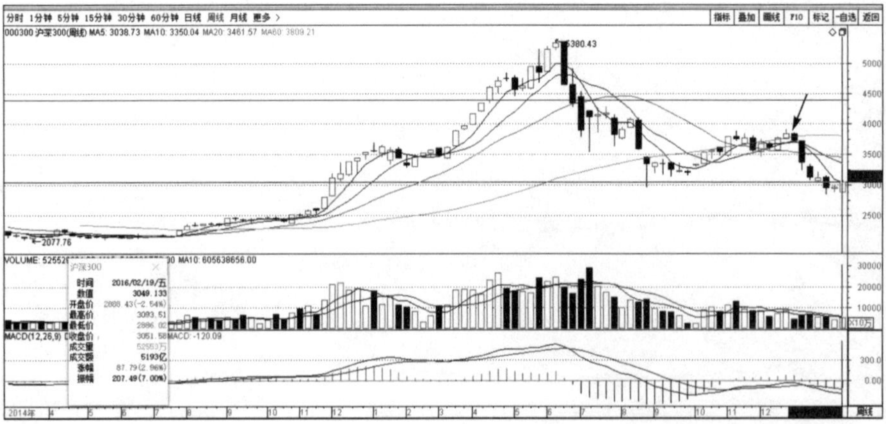

2016 年 1 月 22 日周线，转折信号之后四周，确认信号。

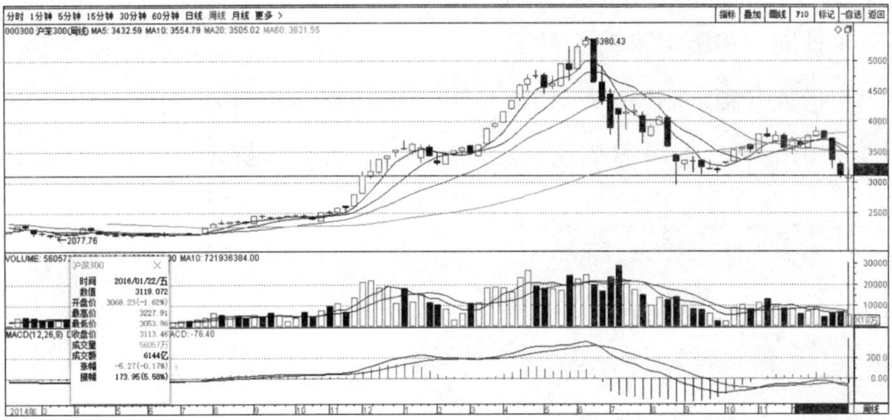

2015 年 12 月 22 日日线，减持机会如下：

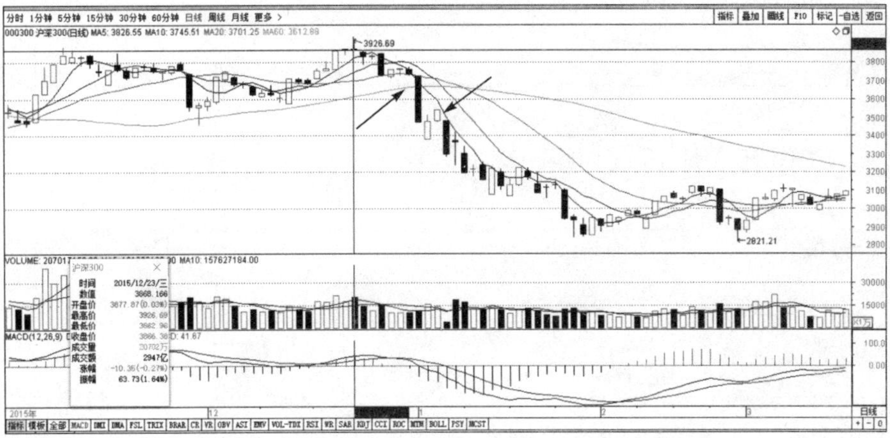

第十九段（上升波段）

日期：2016 年 2 月 5 日至 2018 年 1 月 26 日，历时 102 周。

指数升幅：2963.79 至 4381.30，升幅 47.83%。

2016 年 2 月 19 日周线，2.96% 阳线，疑似转折信号。

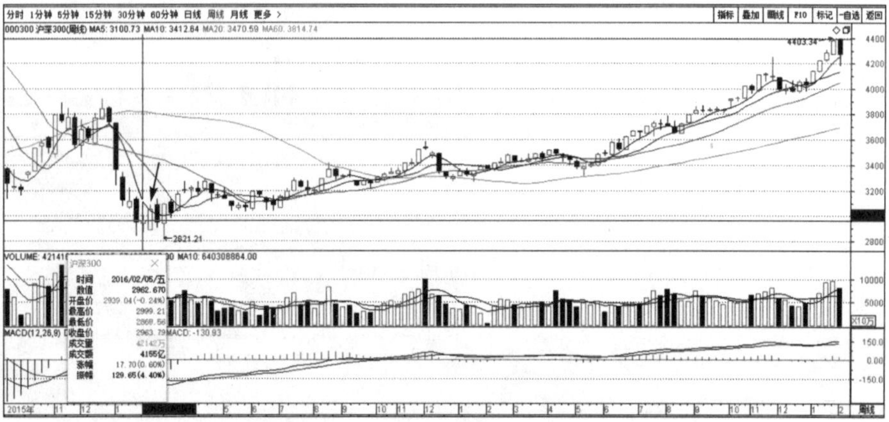

2016 年 3 月 18 日周线，转折信号之后第四周，确认信号。

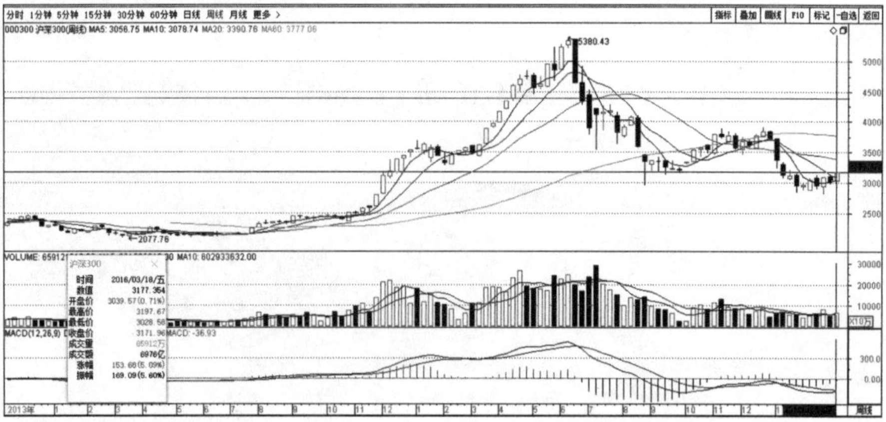

2016 年 1 月 28 日日线，买入机会如下：

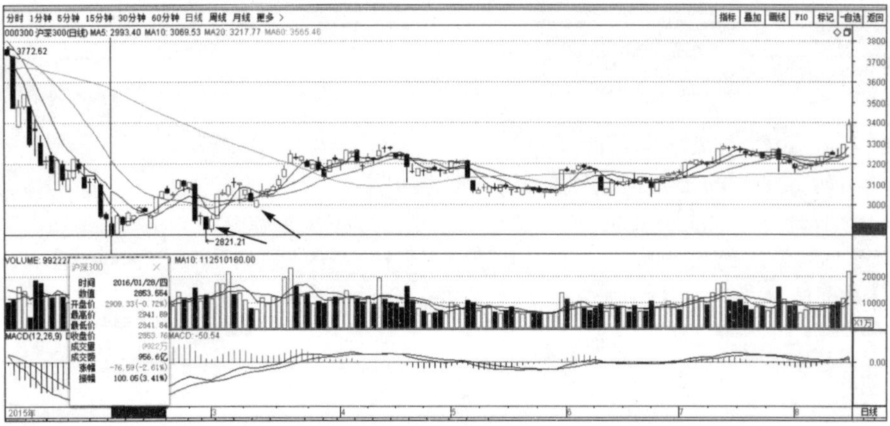

第二十段（下跌波段）

日期：2018 年 1 月 26 日至目前（未完）。

指数跌幅：4381. 30，后期未知，跌幅未知。

2018 年 2 月 2 日周线，-2，51% 阴线，疑似转折信号。

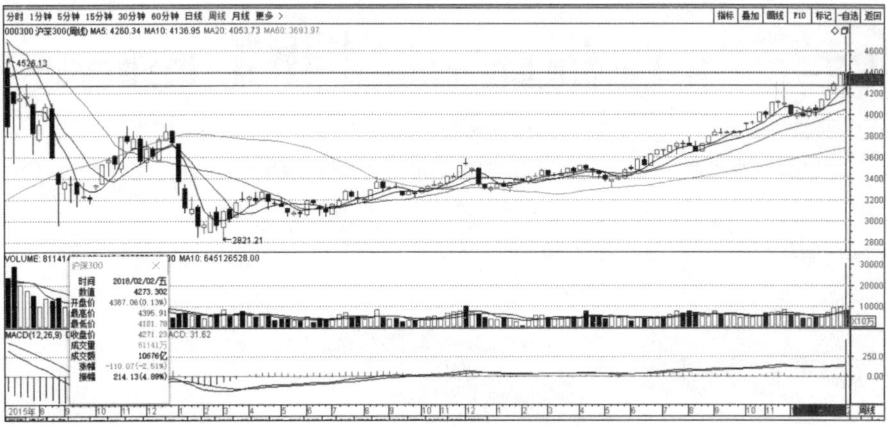

2018 年 2 月 23 日周线，疑似转折信号之后四周，确认转折。

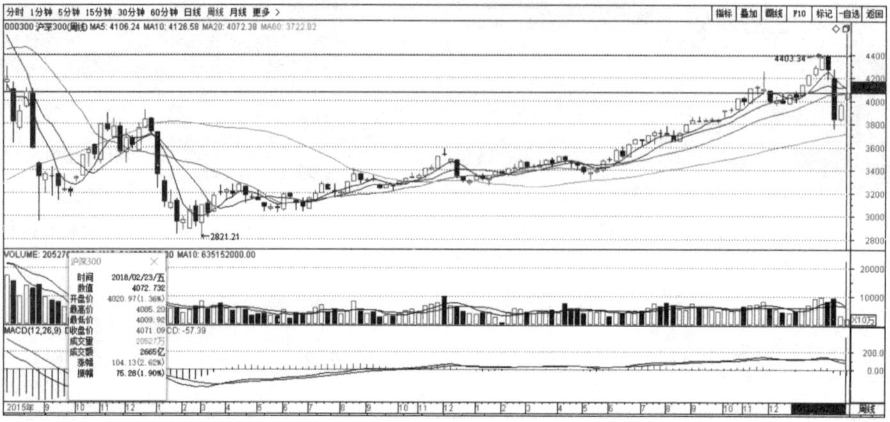

2018 年 1 月 26 日日线，减持机会如下：

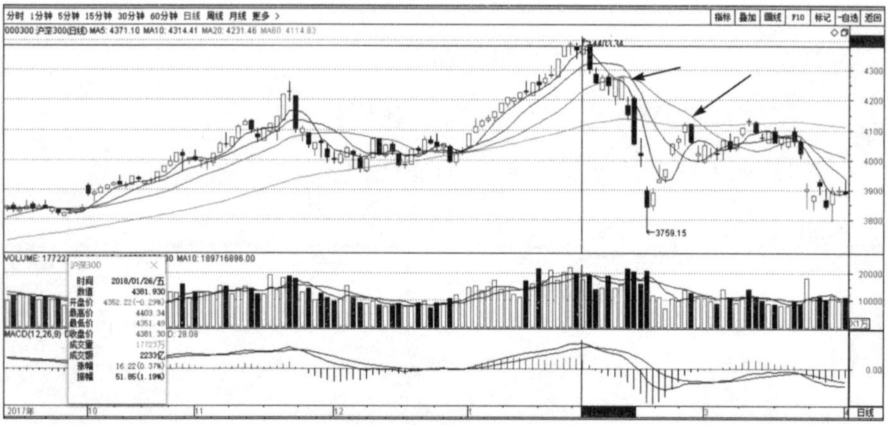

第四章　中国股市实盘数据操作结果

经过长期的研究和实践，我的操作方法已经很简洁、成熟和稳定。下面是使用我的方法进行操作，从 2018 年 5 月开始至 2018 年 8 月的“红宝石投资组合”每周操作记录，以及 2018 年业绩与相关指数的对比示意图。读者如果仔细分析这些数据，可以发现尽管我们在实际操作中，不可能、也不追求在最佳点位买卖，但是只要大方向正确，战胜指数和在众多基金中取得位于前排的业绩，是可以做到的。

至 2018 年 8 月 3 日，红宝石投资组合净值为 0.96（年初净值为 1.00），下跌 4.00%。在同期 791 只股票型开放式公募基金中，排行 49 位。充分体现了“股市下跌时赢指数，股市上升时赢钱”的独特投资风格。右表为东方财富网公布的 2018 年 8 月 3 日股票型基金净值排行表：

基金名称	近6月	今年来
45 华安中证细分医药ETF联接C 000376	-1.41%	-3.76%
46 银华医疗健康量化优选A 005237	-1.11%	-3.85%
47 国富沪港深成长精选股票 001605	-9.49%	-3.91%
48 鹏华中证医药卫生(LOF) 160635	-1.97%	-3.96%
49 浦银沪港深基本面100指数 166402	-11.36%	-4.01%
50 银华医疗健康量化优选C 005238	-1.27%	-4.01%

2018 年 4 月 27 日红宝石组合净值与同期指数对比：

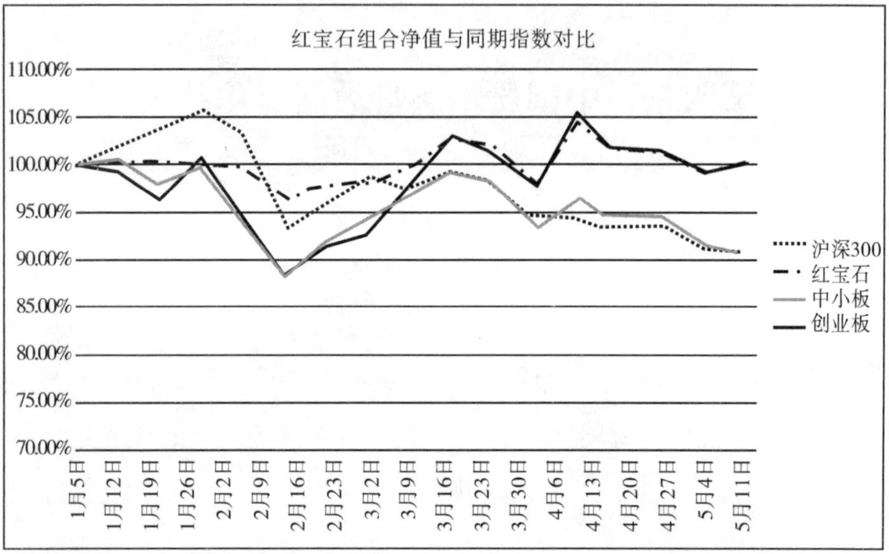

2018 年 4 月 27 日净值：

日期	红宝石组合净值	周增长率
1 月 5 日	1.000	
1 月 12 日	1.002	0.19%
1 月 19 日	1.002	-0.05%
1 月 26 日	1.002	-0.05%
2 月 2 日	0.997	-0.45%
2 月 9 日	0.962	-3.57%
2 月 16 日	0.976	1.45%
2 月 23 日	0.979	0.38%
3 月 2 日	0.999	2.04%
3 月 9 日	1.030	3.03%
3 月 16 日	1.019	-1.08%
3 月 23 日	0.979	-3.90%
3 月 30 日	1.047	6.91%
4 月 4 日	1.019	-2.66%
4 月 13 日	1.015	-0.38%
4 月 20 日	0.995	-1.96%
4 月 27 日	0.996	0.08%

2018 年 4 月 27 日持股比例：

持有品种	持股比例
中小板 ETF	0.00%
创业板 50	16.22%
300ETF	2.82%
银华日利	30.48%
现金	50.48%
合计	100.00%

2018 年 4 月 27 日沪深 300 指数分析：

当前趋势判断：本周 -0.11% 阴线，继续下行趋势。

当前仓位：2.82%。

操作决定：极轻仓，暂不变。

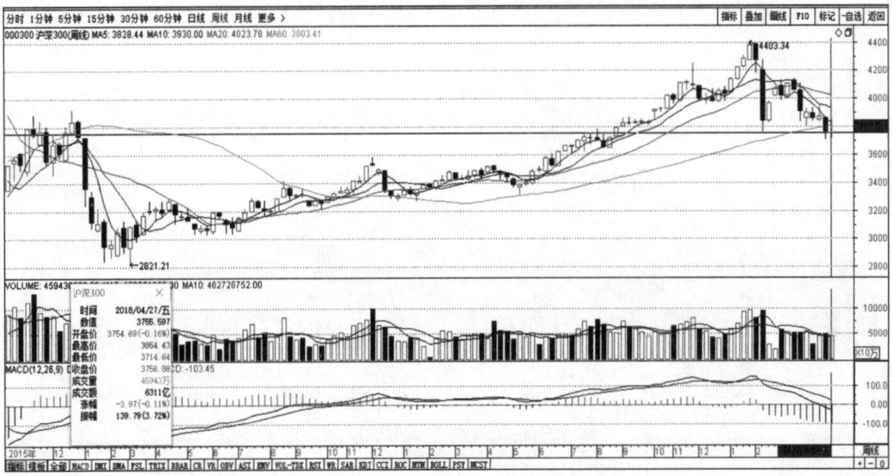

沪深 300	日期	收盘价	时间（周）	涨跌幅
确认点	1 月 26 日	4381.3		
疑似点			0	0.00%
目前位置	4 月 27 日	3756.88	6173.857	-14.25%

2018 年 4 月 27 日中小板指数分析：

当前趋势判断：本周 -0.94% 阴线，创本轮新低，继续下行趋势。

当前仓位：空仓。

操作决定：保持空仓。

中小板	日期	收盘价	时间（周）	涨跌幅
确认点	11 月 10 日	8068.46		
疑似点	3 月 23 日	7160.37	19	-11.25%
目前位置	4 月 27 日	6998.77	5	-13.26%

2018 年 4 月 27 日创业板指数分析：

当前趋势判断：本周 1.28% 阳线，谨慎观察 11 周前开始的上行趋势是否改变。

当前仓位：16.22%。

操作决定：本周减持，之后保持仓位不变。

创业板	日期	收盘价	时间（周）	涨跌幅
确认点	2 月 9 日	1592.51		
疑似点	3 月 30 日	1900.48	7	19.34%
目前位置	4 月 27 日	1805.6	4	13.38%

2018 年 4 月 27 日 A 股指数综合分析：

当前趋势判断：创业板上行趋势需观察是否改变，其他指数都确定下行趋势。

当前总仓位：A 股仓位 19.04%。

操作决定：中小板空仓，创业板谨慎减持，沪深 300 极轻仓。

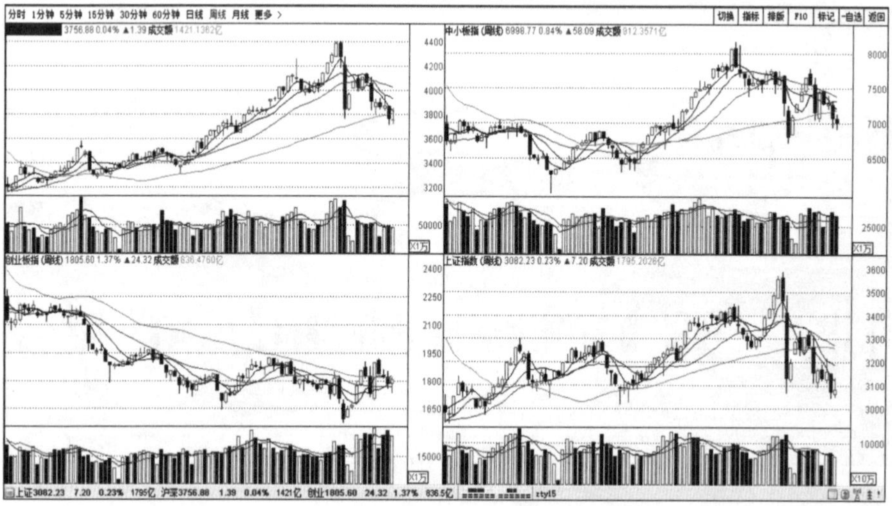

2018 年 5 月 4 日红宝石组合净值与同期指数对比：

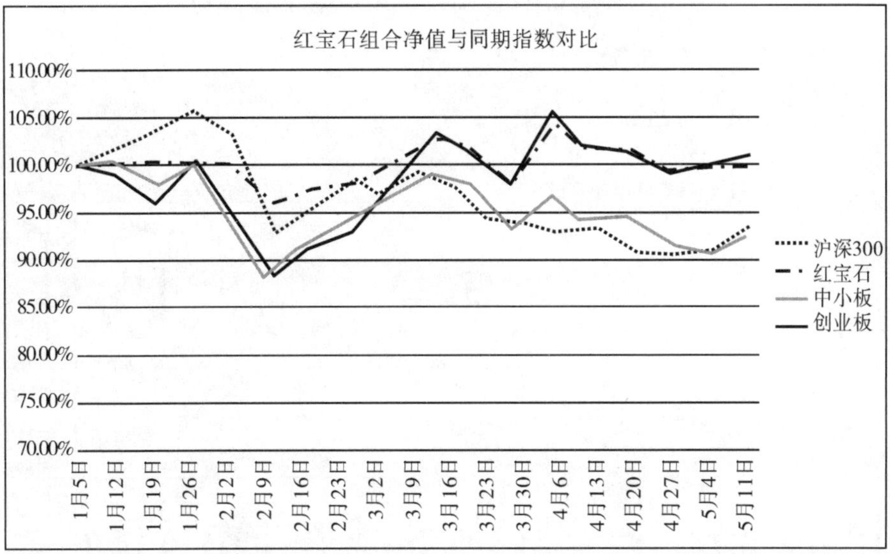

2018 年 5 月 4 日净值：

日期	红宝石组合净值	周增长率
1 月 5 日	1.000	
1 月 12 日	1.002	0.19%
1 月 19 日	1.002	-0.05%
1 月 26 日	1.002	-0.05%
2 月 2 日	0.997	-0.45%
2 月 9 日	0.962	-3.57%
2 月 16 日	0.976	1.45%
2 月 23 日	0.979	0.38%
3 月 2 日	0.999	2.04%
3 月 9 日	1.030	3.03%
3 月 16 日	1.019	-1.08%
3 月 23 日	0.979	-3.90%
3 月 30 日	1.047	6.91%
4 月 4 日	1.019	-2.66%
4 月 13 日	1.015	-0.38%
4 月 20 日	0.995	-1.96%
4 月 27 日	0.996	0.08%
5 月 4 日	0.998	0.20%

2018 年 5 月 4 日持股比例：

持有品种	持股比例
中小板 ETF	0.00%
创业板 50	30.42%
300ETF	5.28%
银华日利	56.95%
现金	7.34%
合计	100.00%

2018 年 5 月 4 日沪深 300 指数分析：

当前趋势判断：本周 0.47% 阳线，未改变下行趋势。

当前仓位：5.28%。

操作决定：轻仓，暂不变。

沪深 300	日期	收盘价	时间（周）	涨跌幅
确认点	1 月 26 日	4381.3		
疑似点	4 月 27 日	3756.88	13	-14.25%
目前位置	5 月 4 日	3774.6	1	0.47%

2018 年 5 月 4 日中小板指数分析：

当前趋势判断：本周 1.87% 阳线，未改变下行趋势。

当前仓位：空仓。

操作决定：保持空仓。

中小板	日期	收盘价	时间（周）	涨跌幅
确认点	11 月 10 日	8068.46		
疑似点	4 月 27 日	6998.77	24	-13.26%
目前位置	5 月 4 日	7129.33	1	1.87%

2018 年 5 月 4 日创业板指数分析：

当前趋势判断：本周 0.51% 阳线，谨慎观察 12 周前开始的上行趋势是否延续。

当前仓位：30.42%。

操作决定：本周小量增持，趋势未确定前保持仓位不变。

创业板	日期	收盘价	时间（周）	涨跌幅
确认点	2 月 9 日	1592.51		
疑似点	3 月 30 日	1900.48	7	19.34%
目前位置	5 月 4 日	1814.85	5	-4.51%

2018 年 5 月 4 日 A 股指数综合分析：

当前趋势判断：创业板上行趋势需观察是否延续，其他指数都仍然下行趋势。

当前总仓位：A 股仓位 35.70%。

操作决定：中小板空仓，创业板谨慎持仓，沪深 300 轻仓。

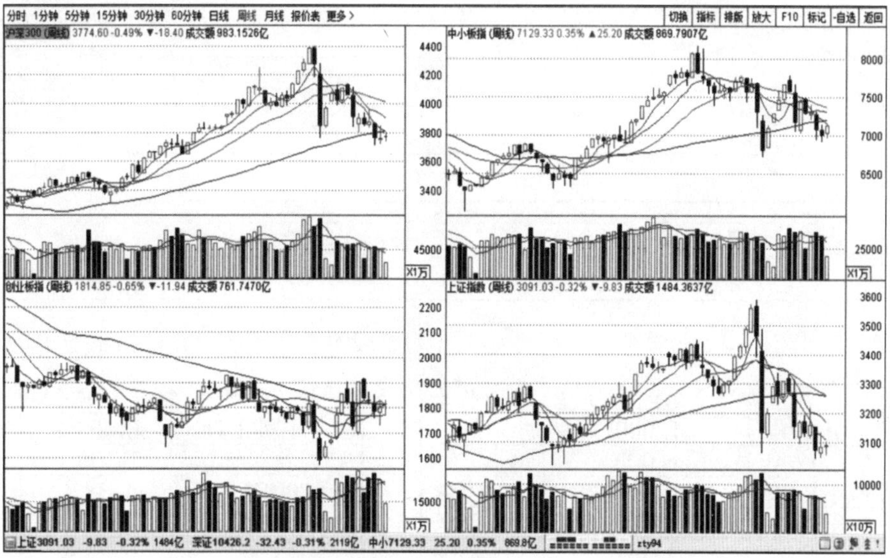

2018 年 5 月 11 日红宝石组合净值与同期指数对比：

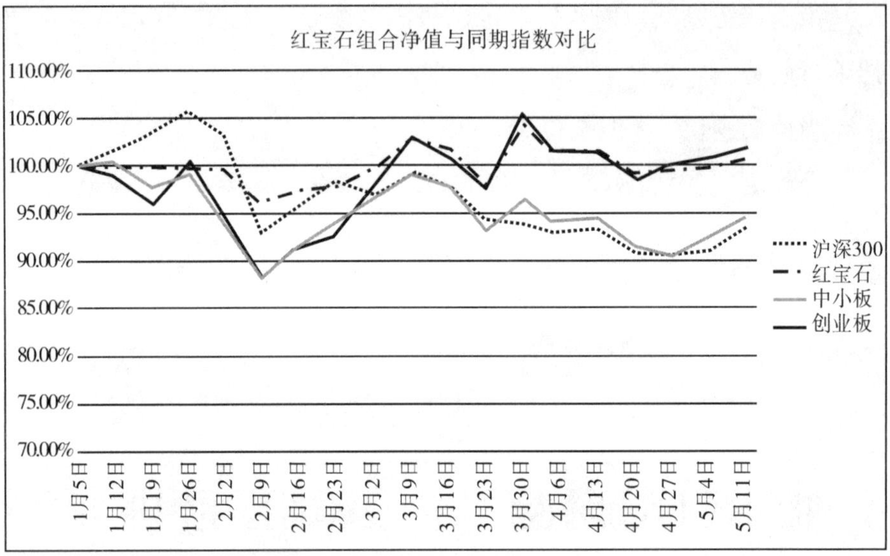

2018 年 5 月 11 日净值：

日期	红宝石组合净值	周增长率
1 月 5 日	1.000	
1 月 12 日	1.002	0.19%
1 月 19 日	1.002	-0.05%
1 月 26 日	1.002	-0.05%
2 月 2 日	0.997	-0.45%
2 月 9 日	0.962	-3.57%
2 月 16 日	0.976	1.45%
2 月 23 日	0.979	0.38%
3 月 2 日	0.999	2.04%
3 月 9 日	1.030	3.03%
3 月 16 日	1.019	-1.08%
3 月 23 日	0.979	-3.90%
3 月 30 日	1.047	6.91%
4 月 4 日	1.019	-2.66%
4 月 13 日	1.015	-0.38%
4 月 20 日	0.995	-1.96%
4 月 27 日	0.996	0.08%
5 月 4 日	0.998	0.20%
5 月 11 日	1.007	0.92%

2018 年 5 月 11 日持股比例：

持有品种	持股比例
中小板 ETF	14.63%
创业板 50	51.00%
300ETF	5.38%
银华日利	28.22%
现金	0.78%
合计	100.00%

2018 年 5 月 11 日沪深 300 指数分析：

当前趋势判断：本周 2. 60% 中阳线，视作疑似转折信号，但要小心观察信号会不会被否定。

当前仓位：5. 38% 。

操作决定：下周择机加仓至 15% 左右。

沪深 300	日期	收盘价	时间（周）	涨跌幅
确认点	1 月 26 日	4381. 30		
疑似点	4 月 27 日	3756. 88	13	–14. 25%
目前位置	5 月 11 日	3872. 84	2	3. 09%

2018 年 5 月 11 日中小板指数分析：

当前趋势判断：本周 2.23% 阳线，视作疑似转折信号。

当前仓位：14.63%。

操作决定：本周加仓，之后观察走势再决定。

中小板	日期	收盘价	时间（周）	涨跌幅
确认点	11 月 10 日	8068.46		
疑似点	4 月 27 日	6998.77	24	-13.26%
目前位置	5 月 11 日	7287.98	2	4.13%

2018 年 5 月 11 日创业板指数分析：

当前趋势判断：本周 1.10% 阳线，谨慎观察 13 周前开始的上行趋势是否延续。

当前仓位：51.00%。

操作决定：本周增持至 50% 左右，趋势未确定前保持仓位不变。

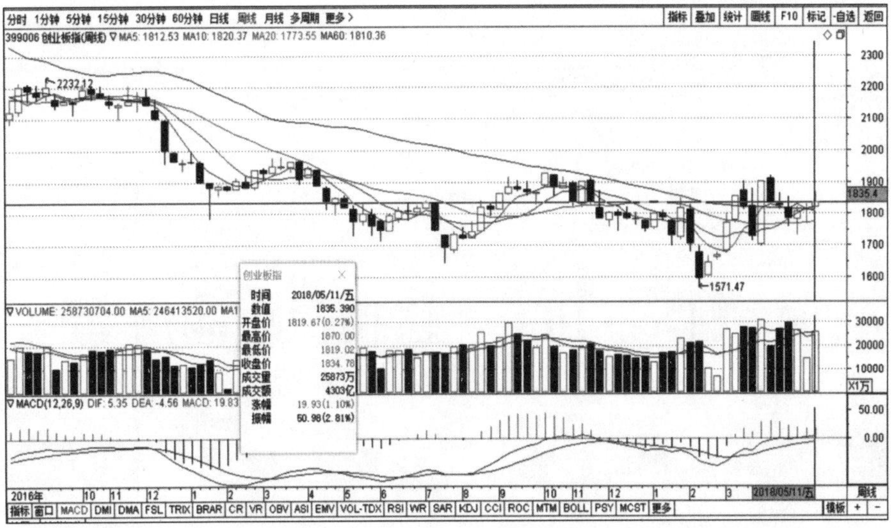

创业板	日期	收盘价	时间（周）	涨跌幅
确认点	2 月 9 日	1592.51		
疑似点	3 月 30 日	1900.48	7	19.34%
目前位置	5 月 11 日	1834.78	6	-3.46%

2018 年 5 月 11 日 A 股指数综合分析：

当前趋势判断：创业板上行趋势需观察是否延续，其他指数出现疑似转折信号。

当前总仓位：A 股仓位 71.00%。

操作决定：如果出现三个指数同步上升就保持目前仓位或加仓，否则要减仓。

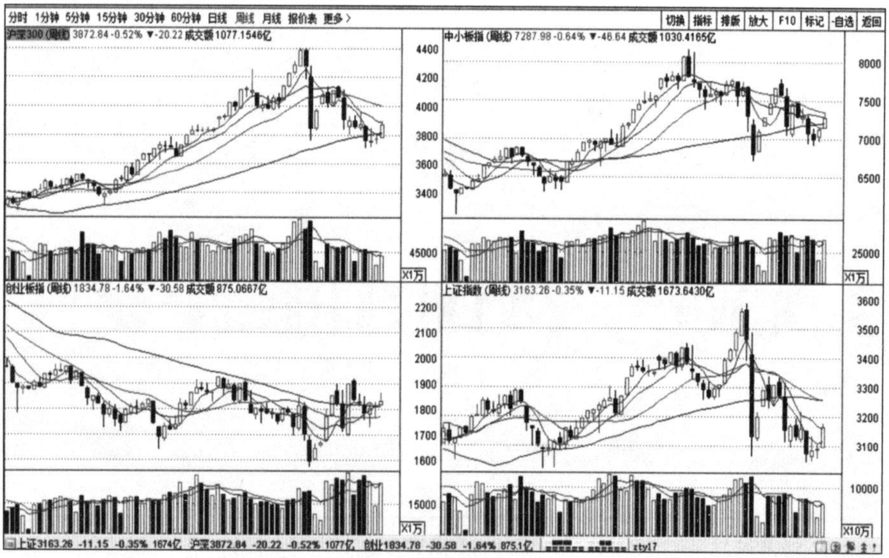

2018 年 5 月 18 日红宝石组合净值与同期指数对比：

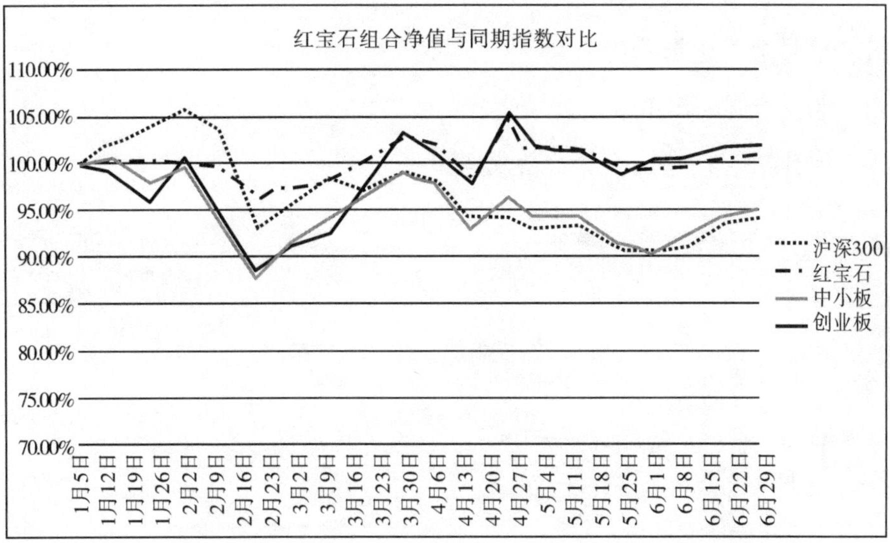

2018 年 5 月 18 日净值：

日期	红宝石组合净值	周增长率
4 月 20 日	0.995	-1.96%
4 月 27 日	0.996	0.08%
5 月 4 日	0.998	0.20%
5 月 11 日	1.007	0.92%
5 月 18 日	1.010	0.25%

2018 年 5 月 18 日持股比例：

持有品种	持股比例
创业板 50	64.82%
300ETF	5.40%
银华日利	28.17%
现金	1.61%
合计	100.00%

2018 年 5 月 18 日沪深 300 指数分析：

当前趋势判断：本周 0.78% 小阳线，疑似转折第三周，小心观察转折信号会不会被否定。

当前仓位：5.40%。

操作决定：仓位不变，待观察。

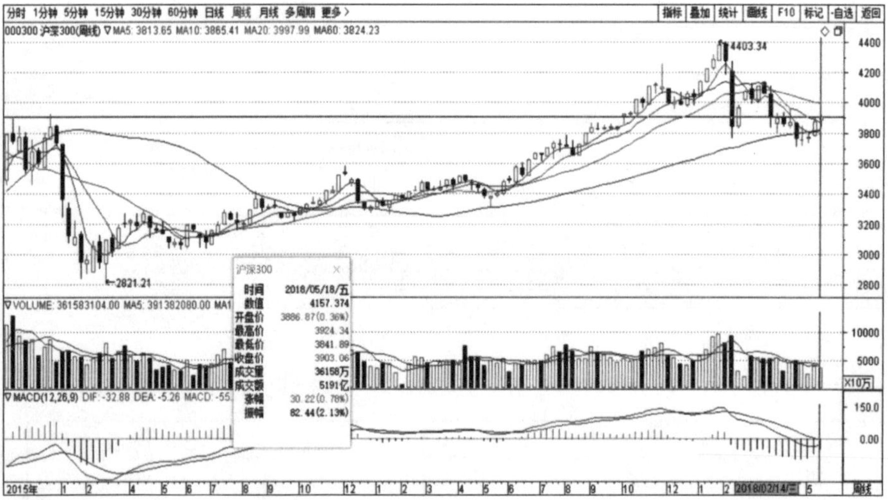

沪深 300	日期	收盘价	时间（周）	涨跌幅
确认点	1 月 26 日	4381.3		
疑似点	4 月 27 日	3756.88	13	-14.25%
目前位置	5 月 18 日	3903.06	3	3.89%

2018 年 5 月 18 日中小板指数分析：

当前趋势判断：本周 0.73% 小阳线，疑似转折信号上升力度减弱。

当前仓位：空仓。

操作决定：本周清仓，之后观察走势再决定。

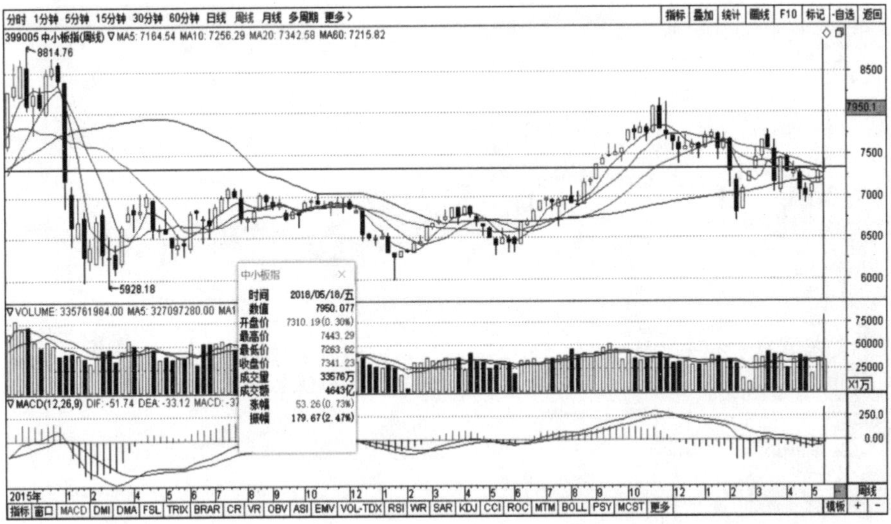

中小板	日期	收盘价	时间（周）	涨跌幅
确认点	11 月 10 日	8068.46		
疑似点	4 月 27 日	6998.77	24	-13.26%
目前位置	5 月 18 日	7341.24	3	4.89%

2018 年 5 月 18 日创业板指数分析：

当前趋势判断：本周 0.11% 十字线，谨慎观察 14 周前开始的上行趋势是否延续。

当前仓位：64.82%。

操作决定：趋势未确定前保持仓位不变。

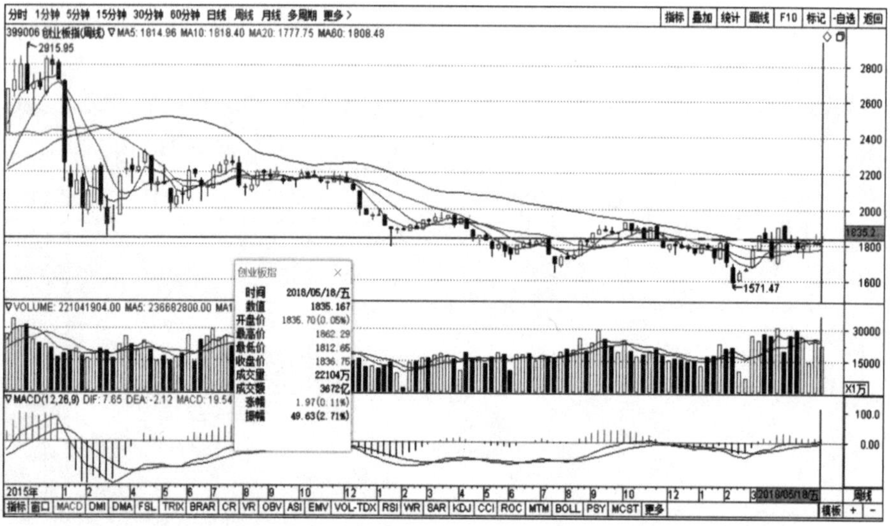

创业板	日期	收盘价	时间（周）	涨跌幅
确认点	2 月 9 日	1592.51		
疑似点	3 月 30 日	1900.48	7	19.34%
目前位置	5 月 18 日	1836.75	7	-3.35%

2018 年 5 月 18 日 A 股指数综合分析：

当前趋势判断：创业板上行趋势需观察是否延续，其他指数出现疑似转折信号第二周，但上升力度减弱。

当前总仓位：A 股仓位 70.22%。

操作决定：如果出现三个指数同步上升就保持目前仓位或加仓，否则减仓。

2018 年 5 月 25 日红宝石组合净值与同期指数对比：

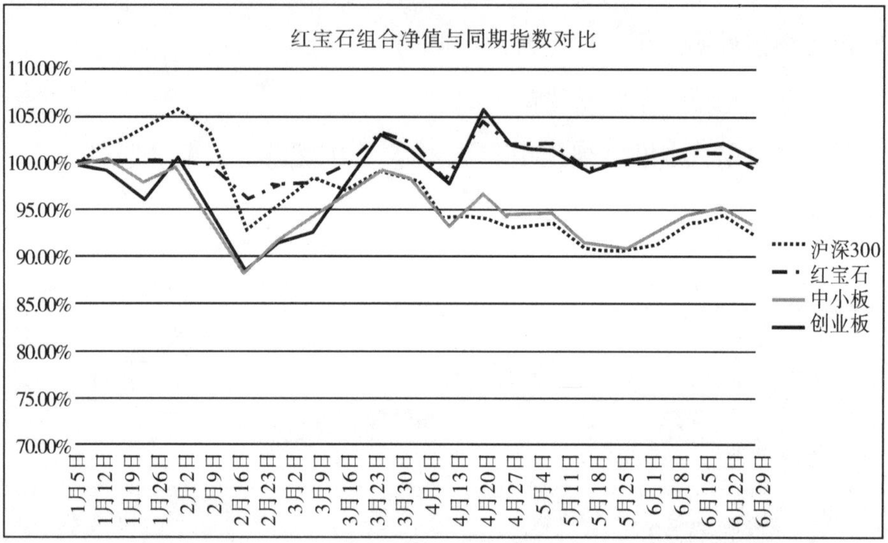

2018 年 5 月 25 日净值：

日期	红宝石组合净值	周增长率
4 月 20 日	0.995	-1.96%
4 月 27 日	0.996	0.08%
5 月 4 日	0.998	0.20%
5 月 11 日	1.007	0.92%
5 月 18 日	1.010	0.25%
5 月 25 日	0.990	-1.93%

2018 年 5 月 25 日持股比例：

持有品种	持股比例
创业板 50	64.25%
300ETF	5.38%
银华日利	28.75%
现金	1.62%
合计	100.00%

2018 年 5 月 25 日沪深 300 指数分析：

当前趋势判断：本周 -2. 22% 中阴线，疑似转折第 4 周，大幅回调，需要注意观察转折信号会不会被否定。

当前仓位：5. 38% 。

操作决定：仓位不变，待观察。

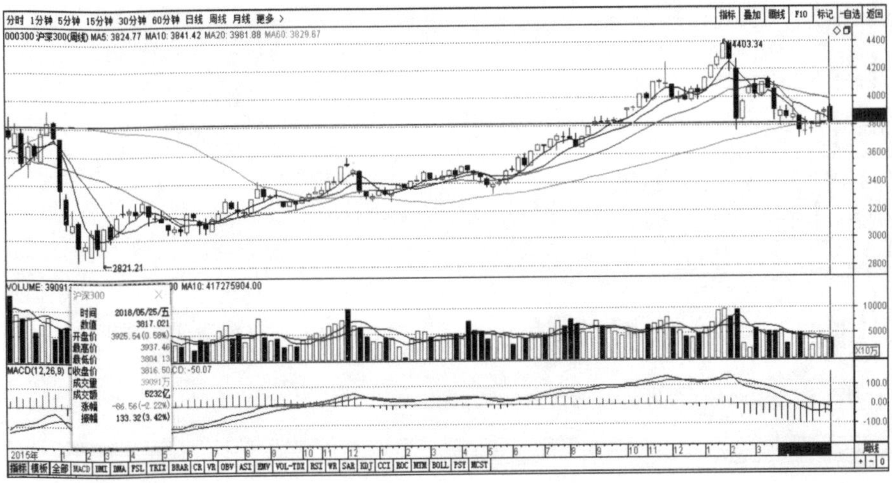

沪深 300	日期	收盘价	时间（周）	涨跌幅
确认点	1 月 26 日	4381. 3		
疑似点	4 月 27 日	3756. 88	13	-14. 25%
目前位置	5 月 25 日	3816. 5	4	1. 59%

2018 年 5 月 25 日中小板指数分析：

当前趋势判断：本周 -2.01% 阴线，疑似转折第 4 周，大幅回调，需要注意观察转折信号会不会被否定。

当前仓位：空仓。

操作决定：之后观察走势再决定。

中小板	日期	收盘价	时间（周）	涨跌幅
确认点	11 月 10 日	8068.46		
疑似点	4 月 27 日	6998.77	24	-13.26%
目前位置	5 月 25 日	7193.44	4	2.78%

2018 年 5 月 25 日创业板指数分析：

当前趋势判断：本周 -1.75% 阴线，进入横盘趋势，以 6 周前的收盘价为起点。

当前仓位：64.25%。

操作决定：趋势未确定前保持仓位不变或择机减仓。

创业板	日期	收盘价	时间（周）	涨跌幅
确认点	4 月 13 日	1824.59		
疑似点				
目前位置	5 月 25 日	1804.55	6	-1.10%

2018 年 5 月 25 日 A 股指数综合分析：

当前趋势判断：创业板进入横盘趋势，其他指数出现疑似转折信号第 4 周，均出现大幅回调。

当前总仓位：A 股仓位 69.63%。

操作决定：如果出现三个指数同步上升就保持目前仓位或加仓，否则要减仓。

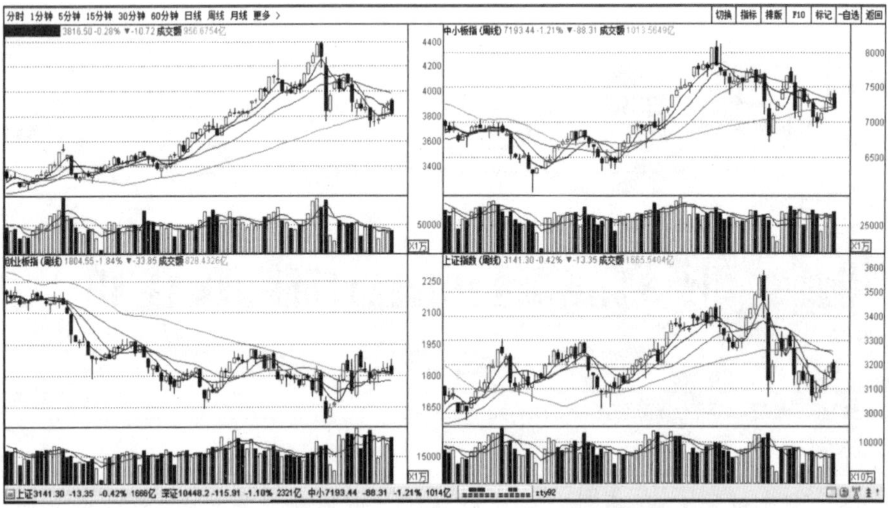

2018 年 6 月 1 日红宝石组合净值与同期指数对比：

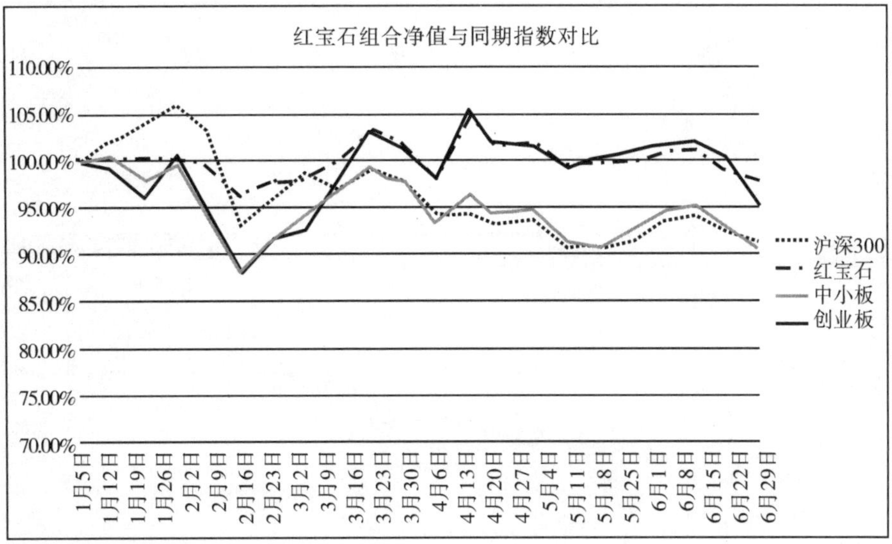

2018 年 6 月 1 日净值：

日期	红宝石组合净值	周增长率
4 月 20 日	0.995	-1.96%
4 月 27 日	0.996	0.08%
5 月 4 日	0.998	0.20%
5 月 11 日	1.007	0.92%
5 月 18 日	1.010	0.25%
5 月 25 日	0.990	-1.93%
6 月 1 日	0.978	-1.23%

2018 年 6 月 1 日持股比例：

持有品种	持股比例
中小板 ETF	0.00%
创业板	48.11%
300ETF	0.00%
银华日利	22.71%
现金	29.18%
合计	100.00%

2018 年 6 月 1 日沪深 300 指数分析：

当前趋势判断：本周 -1.20% 阴线，疑似转折第 5 周，连续 2 周大幅回调，转折信号被否定。

当前仓位：0。

操作决定：空仓，待观察。

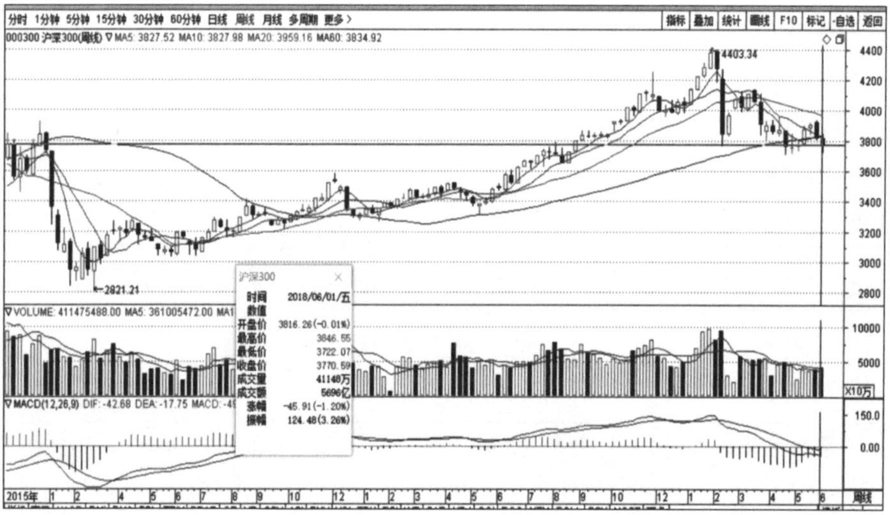

沪深 300	日期	收盘价	时间（周）	涨跌幅
确认点	1 月 26 日	4381.3		
疑似点	4 月 27 日	3756.88	13	-14.25%
目前位置	6 月 1 日	3770.59	5	0.36%

2018 年 6 月 1 日中小板指数分析：

当前趋势判断：本周 -2.67%阴线，疑似转折第 5 周，连续 2 周大幅回调，转折信号被否定。

当前仓位：空仓。

操作决定：之后观察走势再决定。

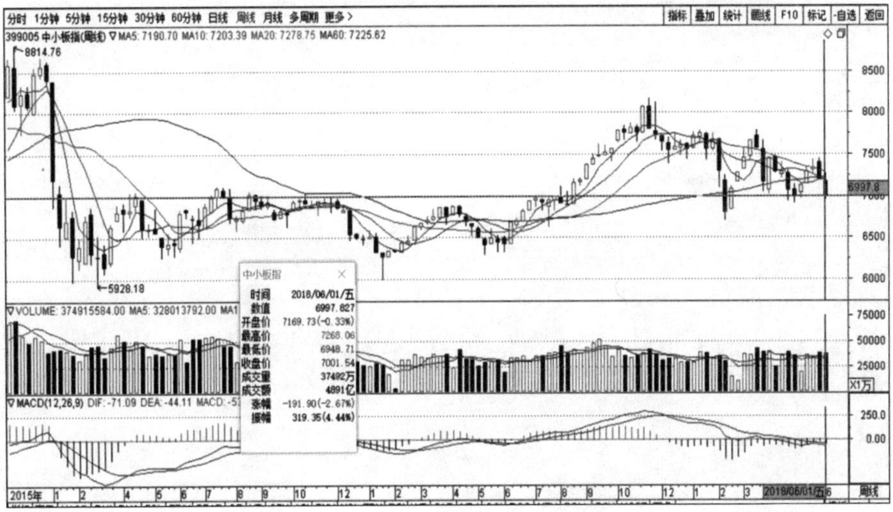

中小板	日期	收盘价	时间（周）	涨跌幅
确认点	11 月 10 日	8068.46		
疑似点	4 月 27 日	6998.77	24	-13.26%
目前位置	6 月 1 日	7001.55	5	0.04%

2018 年 6 月 1 日创业板指数分析：

当前趋势判断：本周 –5.26% 大阴线，之前 6 周横盘趋势被向下打破。

当前仓位：48.11%。

操作决定：择机减仓。

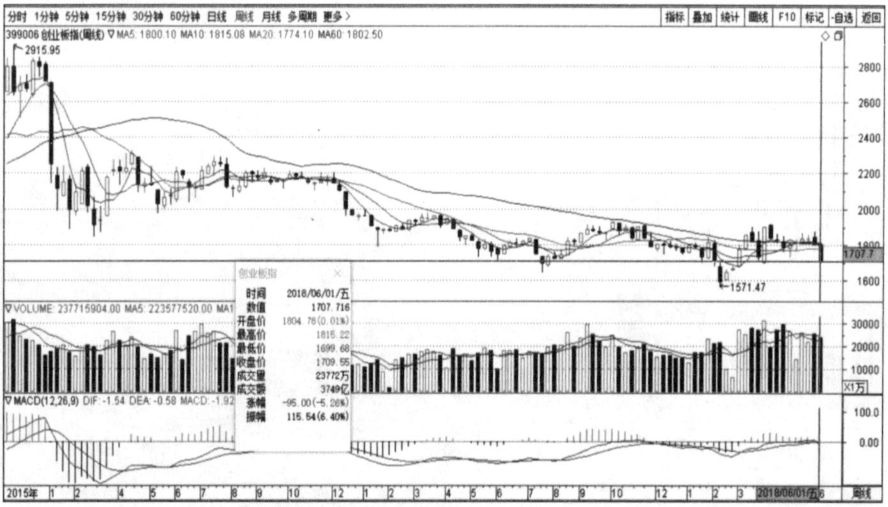

创业板	日期	收盘价	时间（周）	涨跌幅
确认点	4 月 13 日	1824.59		
疑似点				
目前位置	6 月 1 日	1709.55	7	–6.30%

2018 年 6 月 1 日 A 股指数综合分析：

当前趋势判断：创业板向下打破横盘趋势，其他指数均出现大幅回调，基本否定转折信号。

当前总仓位：A 股仓位 48. 11%。

操作决定：择机减仓。

2018 年 6 月 8 日红宝石组合净值与同期指数对比：

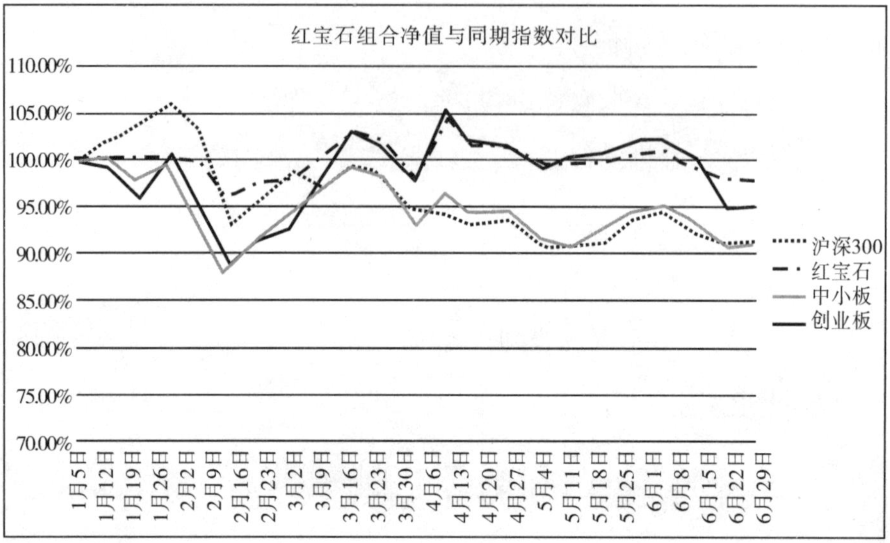

2018 年 6 月 8 日净值：

日期	红宝石组合净值	周增长率
4 月 20 日	0.995	-1.96%
4 月 27 日	0.996	0.08%
5 月 4 日	0.998	0.20%
5 月 11 日	1.007	0.92%
5 月 18 日	1.010	0.25%
5 月 25 日	0.990	-1.93%
6 月 1 日	0.978	-1.23%
6 月 8 日	0.976	-0.20%

2018 年 6 月 8 日持股比例：

持有品种	持股比例
中小板 ETF	0.00%
创业板	70.10%
300ETF	0.00%
银华日利	29.31%
现金	0.59%
合计	100.00%

2018 年 6 月 8 日沪深 300 指数分析：

当前趋势判断：本周 0.24% 墓碑线，疑似转折第 6 周，连续 2 周大幅回调接近转折起点后，本周微升，转折信号是否有效待观察。

当前仓位：0。

操作决定：空仓，待观察。

沪深 300	日期	收盘价	时间（周）	涨跌幅
确认点	1 月 26 日	4381.3		
4 月 27 日	3756.88	13	−14.25	
目前位置	6 月 8 日	3779.62	6	−0.61%

2018 年 6 月 8 日中小板指数分析：

当前趋势判断：本周 0.48% 墓碑线，疑似转折第 6 周，连续 2 周大幅回调接近转折起点后，本周微升，转折信号是否有效待观察。

当前仓位：空仓。

操作决定：之后观察走势再决定。

中小板	日期	收盘价	时间（周）	涨跌幅
确认点	11 月 10 日	8068.46		
疑似点	4 月 27 日	6998.77	24	-13.26%
目前位置	6 月 8 日	7035.08	6	0.52%

2018 年 6 月 8 日创业板指数分析：

当前趋势判断：本周 0.12% 长上影十字线，之前 10 周转折信号确认。

当前仓位：70.10%。

操作决定：本周临时加仓，下周如无特别变化，择机减仓。

创业板	日期	收盘价	时间（周）	涨跌幅
确认点	3 月 30 日	1900.48		
疑似点				
目前位置	6 月 8 日	1711.52	10	-9.94%

2018 年 6 月 8 日 A 股指数综合分析：

当前趋势判断：创业板确定下行趋势，其他指数观察转折信号是否有效。

当前总仓位：A 股仓位 70.10%。

操作决定：本周临时加仓，下周择机减仓。

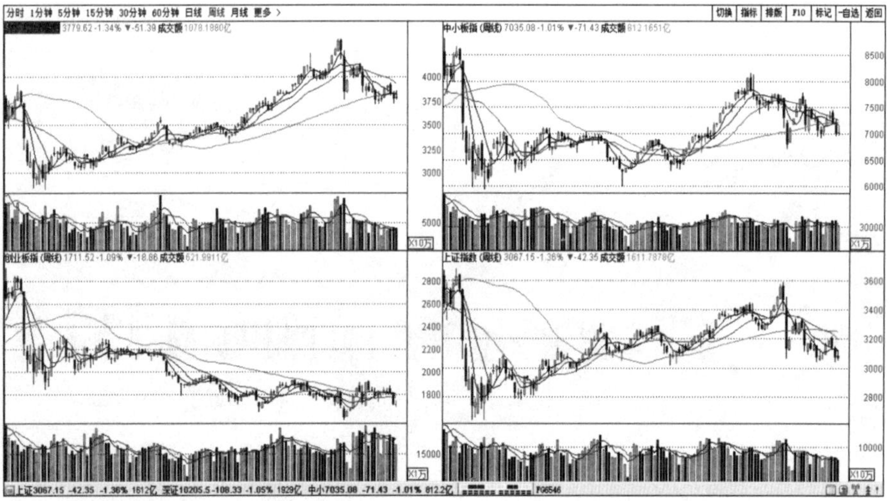

2018 年 6 月 15 日红宝石组合净值与同期指数对比：

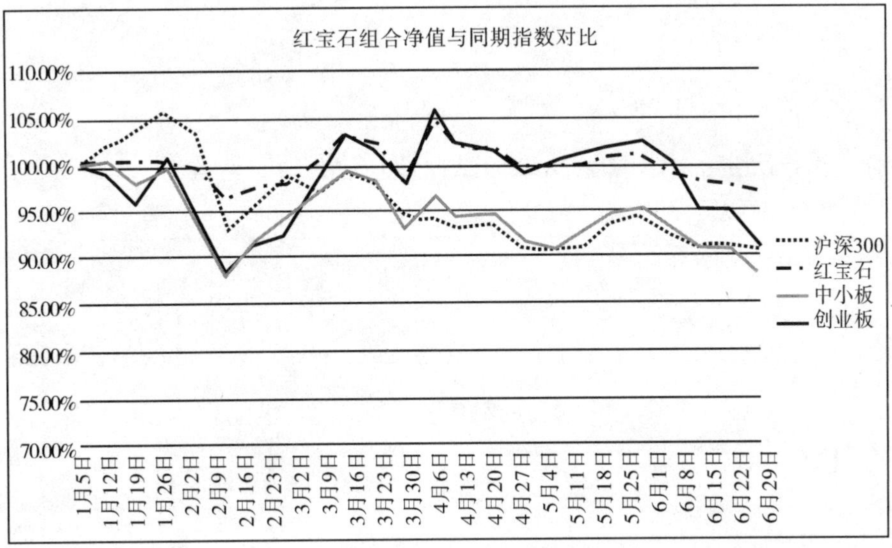

2018 年 6 月 15 日净值：

日期	红宝石组合净值	周增长率
4 月 20 日	0.995	−1.96%
4 月 27 日	0.996	0.08%
5 月 4 日	0.998	0.20%
5 月 11 日	1.007	0.92%
5 月 18 日	1.010	0.25%
5 月 25 日	0.990	−1.93%
6 月 1 日	0.978	−1.23%
6 月 8 日	0.976	−0.20%
6 月 15 日	0.970	−0.64%

2018 年 6 月 15 日持股比例：

持有品种	持股比例
中小板 ETF	0.00%
创业板	33.42%
300ETF	3.28%
银华日利	59.04%
现金	4.26%
合计	100.00%

2018 年 6 月 15 日沪深 300 指数分析：

当前趋势判断：本周 -0.69% 长上影阴线，转折信号被否定，继续下行。

当前仓位：3.28%。

操作决定：本周购入 3.28% 试探性仓位，暂时持有。

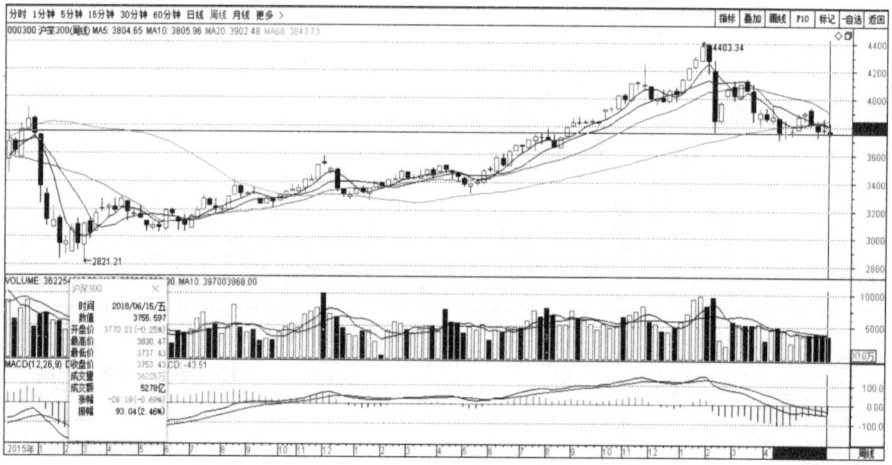

沪深 300	日期	收盘价	时间（周）	涨跌幅
确认点	1 月 26 日	4381.30		
目前位置	6 月 15 日	3753.43	20	-14.33%

2018 年 6 月 15 日中小板指数分析：

当前趋势判断：本周 –3.10% 长阴线，疑似转折信号被否定，继续下行。

当前仓位：空仓。

操作决定：保持空仓。

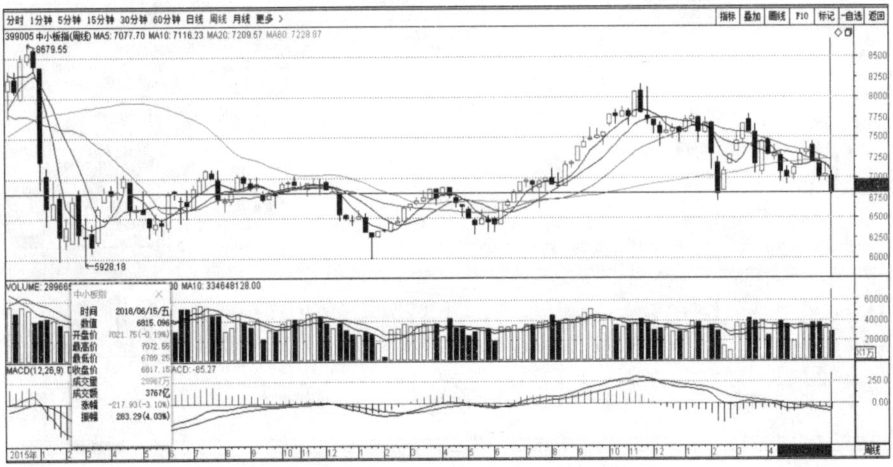

中小板	日期	收盘价	时间（周）	涨跌幅
确认点	11 月 10 日	8068.46		
疑似点				
目前位置	6 月 15 日	6817.15	31	–15.51%

2018 年 6 月 15 日创业板指数分析：

当前趋势判断：本周 -4.08% 长阴线，接近创新低。

当前仓位：33.42%。

操作决定：本周减持后，剩下约 30% 基本仓位，下周如创新低，择机全部清仓。

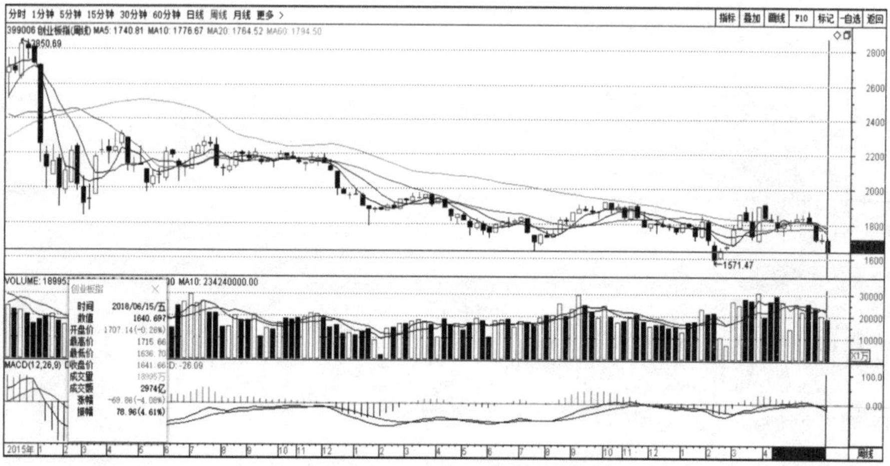

创业板	日期	收盘价	时间（周）	涨跌幅
确认点	3 月 30 日	1900.48		
疑似点				
目前位置	6 月 15 日	1641.66	11	-13.62%

2018 年 6 月 15 日 A 股指数综合分析：

当前趋势判断：创业板接近创新低，其他指数转折信号被否定，继续下行。

当前总仓位：A 股仓位 36.70%。

操作决定：下周如无重大变化，择机减仓。

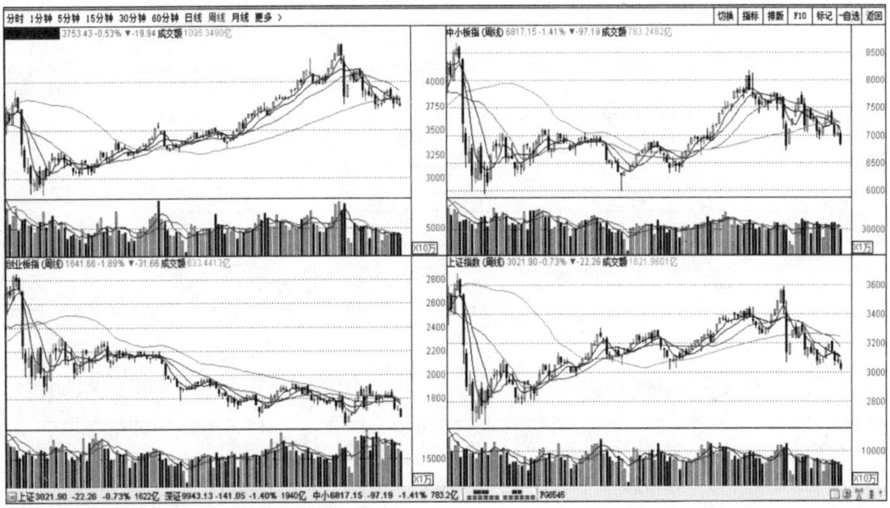

2018 年 6 月 22 日红宝石组合净值与同期指数对比：

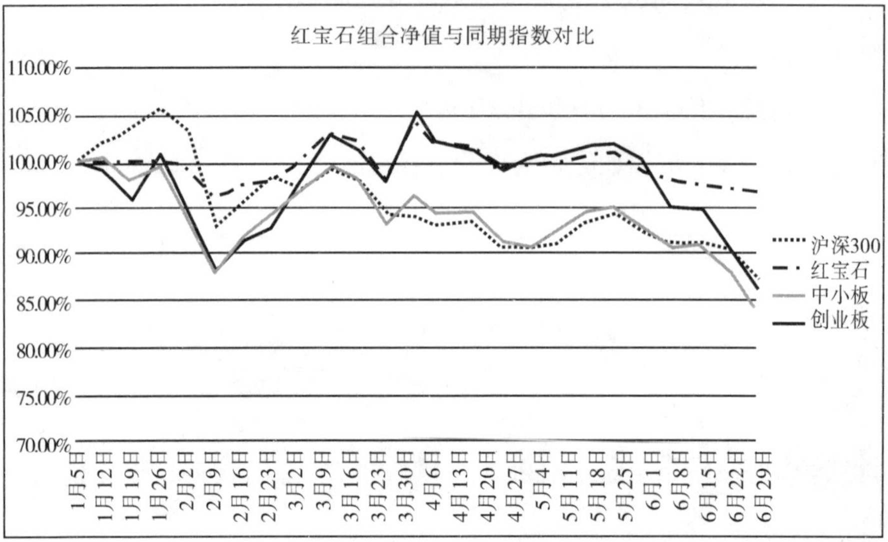

2018 年 6 月 22 日净值：

日期	红宝石组合净值	周增长率
4 月 20 日	0.995	－1.96%
4 月 27 日	0.996	0.08%
5 月 4 日	0.998	0.20%
5 月 11 日	1.007	0.92%
5 月 18 日	1.010	0.25%
5 月 25 日	0.990	－1.93%
6 月 1 日	0.978	－1.23%
6 月 8 日	0.976	－0.20%
6 月 15 日	0.970	－0.64%
6 月 22 日	0.966	－0.34%

2018 年 6 月 22 日持股比例：

持有品种	持股比例
中小板 ETF	0.00%
创业板	4.55%
300ETF	3.17%
银华日利	88.92%
现金	3.37%
合计	100.00%

2018 年 6 月 22 日沪深 300 指数分析：

当前趋势判断：本周 -3.85% 长下影大阴线，大幅下行。

当前仓位：3.17% 。

操作决定：保持极小仓位。

沪深 300	日期	收盘价	时间（周）	涨跌幅
确认点	1 月 26 日	4381.30		
目前位置	6 月 22 日	3608.90	21	-17.63%

2018 年 6 月 22 日中小板指数分析：

当前趋势判断：本周 -4.67% 长下影大阴线，继续大幅下行，接近创新低。

当前仓位：空仓。

操作决定：保持空仓。

中小板	日期	收盘价	时间（周）	涨跌幅
确认点	11 月 10 日	8068.46		
疑似点				
目前位置	6 月 22 日	6498.97	32	-19.45%

2018 年 6 月 22 日创业板指数分析：

当前趋势判断：本周 -5.60% 长阴线，创新低。

当前仓位：4.55% 。

操作决定：本周减持后，剩下极小仓位，暂时保留。

创业板	日期	收盘价	时间（周）	涨跌幅
确认点	3 月 30 日	1900.48		
疑似点				
目前位置	6 月 22 日	1549	12	-18.46%

2018 年 6 月 22 日 A 股指数综合分析：

当前趋势判断：创业板创新低，全部指数均为下行趋势。

当前总仓位：A 股仓位 7.72%。

操作决定：极轻仓，等待下一个转折信号。

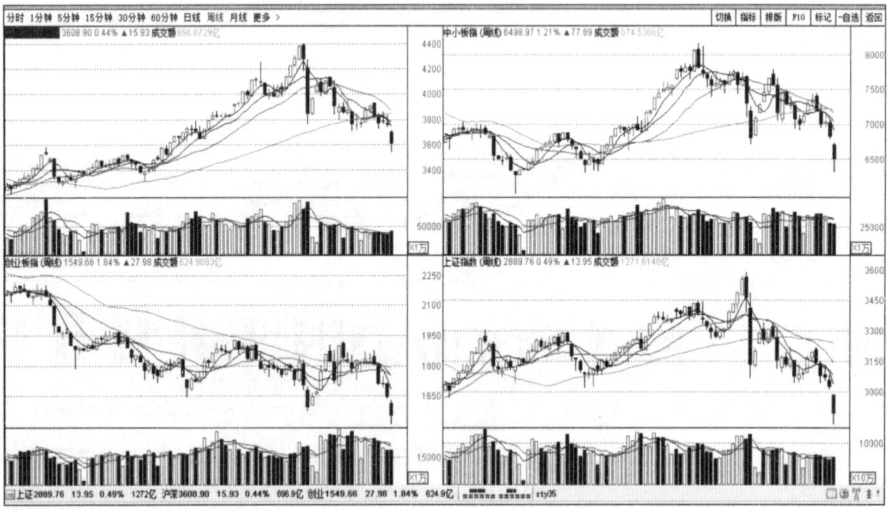

2018 年 6 月 29 日红宝石组合净值与同期指数对比：

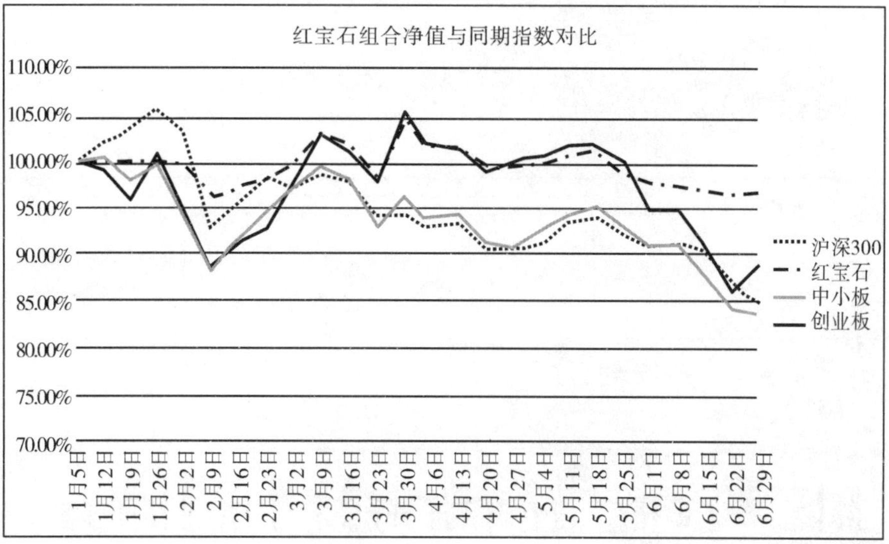

2018 年 6 月 29 日净值：

日期	红宝石组合净值	周增长率
4 月 20 日	0.995	-1.96%
4 月 27 日	0.996	0.08%
5 月 4 日	0.998	0.20%
5 月 11 日	1.007	0.92%
5 月 18 日	1.010	0.25%
5 月 25 日	0.990	-1.93%
6 月 1 日	0.978	-1.23%
6 月 8 日	0.976	-0.20%
6 月 15 日	0.970	-0.64%
6 月 22 日	0.966	-0.34%
6 月 29 日	0.968	0.21%

2018 年 6 月 29 日持股比例：

持有品种	持股比例
中小板 ETF	0.00%
创业板	3.09%
300ETF	0.00%
银华日利	88.80%
现金	8.11%
合计	100.00%

2018 年 6 月 29 日沪深 300 指数分析：

当前趋势判断：本周 -2.71% 长下影大阴线，大幅下行。

当前仓位：0。

操作决定：保持空仓。

沪深 300	日期	收盘价	时间（周）	涨跌幅
确认点	1 月 26 日	4381.30		
目前位置	6 月 29 日	3510.98	23	-19.86%

2018 年 6 月 29 日中小板指数分析：

当前趋势判断：本周 -0.33% 长下影小阴线，继续下行，接近创新低。

当前仓位：空仓。

操作决定：保持空仓。

中小板	日期	收盘价	时间（周）	涨跌幅
确认点	11 月 10 日	8068.46		
疑似点				
目前位置	6 月 29 日	6477.76	33	-19.72%

2018 年 6 月 29 日创业板指数分析：

当前趋势判断：本周 3.68% 中下影长阳线，疑似转折，但其他指数均不好，待观察。

当前仓位：3.09%。

操作决定：极小仓位，暂时保留。

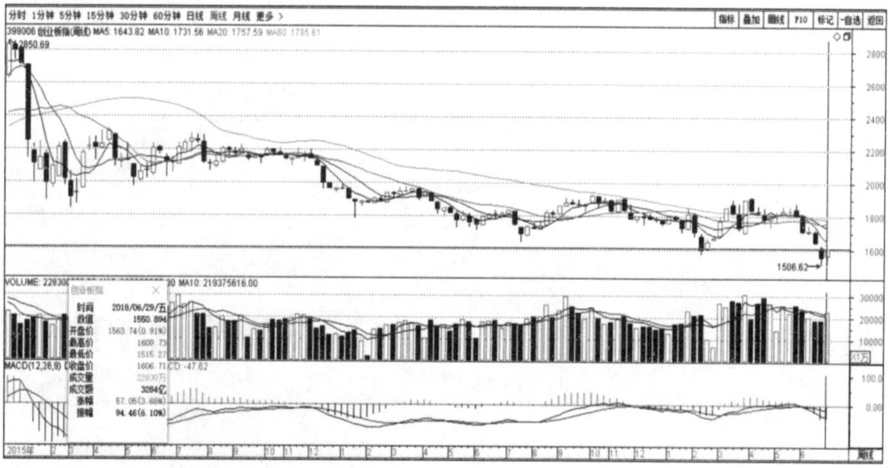

创业板	日期	收盘价	时间（周）	涨跌幅
确认点	3 月 30 日	1900.48		
疑似点	6 月 22 日	1549.66	12	-18.46%
目前位置	6 月 29 日	1606.71	1	3.68%

2018 年 6 月 29 日 A 股指数综合分析：

当前趋势判断：创业板 3. 68 阳线，其他指数均为下行趋势。

当前总仓位：A 股仓位 3. 09%。

操作决定：极轻仓，等待转折信号。

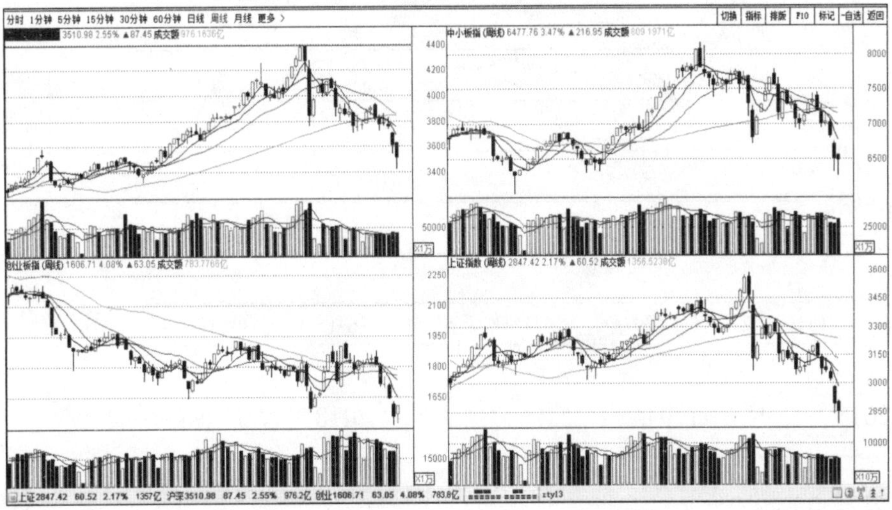

2018 年 7 月 6 日红宝石组合净值与同期指数对比：

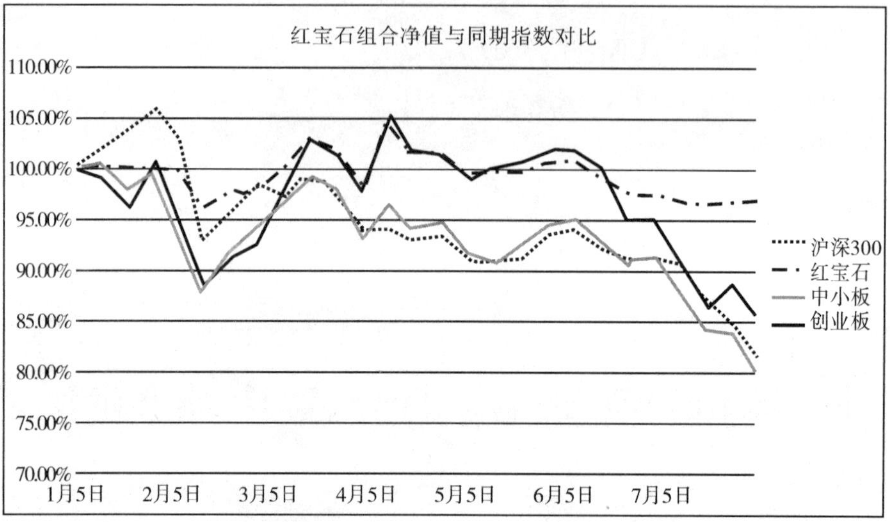

2018 年 7 月 6 日净值：

日期	红宝石组合净值	周增长率
4 月 20 日	0.995	-1.96%
4 月 27 日	0.996	0.08%
5 月 4 日	0.998	0.20%
5 月 11 日	1.007	0.92%
5 月 18 日	1.010	0.25%
5 月 25 日	0.990	-1.93%
6 月 1 日	0.978	-1.23%
6 月 8 日	0.976	-0.20%
6 月 15 日	0.970	-0.64%
6 月 22 日	0.966	-0.34%
6 月 29 日	0.968	0.21%
7 月 6 日	0.970	0.20%

2018 年 7 月 6 日持股比例：

持有品种	持股比例
中小板 ETF	0.00%
创业板	2.44%
300ETF	0.00%
银华日利	97.37%
现金	0.20%
合计	100.00%

2018 年 7 月 6 日沪深 300 指数分析：

当前趋势判断：本周 -4.15% 大阴线，继续大幅下行。

当前仓位：0。

操作决定：保持空仓。

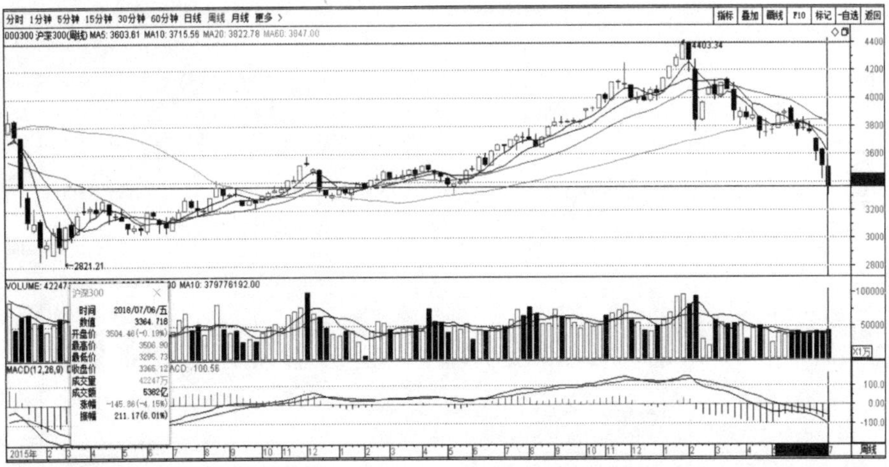

沪深 300	日期	收盘价	时间（周）	涨跌幅
确认点	1 月 26 日	4381.30		
目前位置	7 月 6 日	3365.12	23	-23.19%

2018 年 7 月 6 日中小板指数分析：

当前趋势判断：本周 -4.87% 大阴线，继续大幅下行，创新低。

当前仓位：空仓。

操作决定：保持空仓。

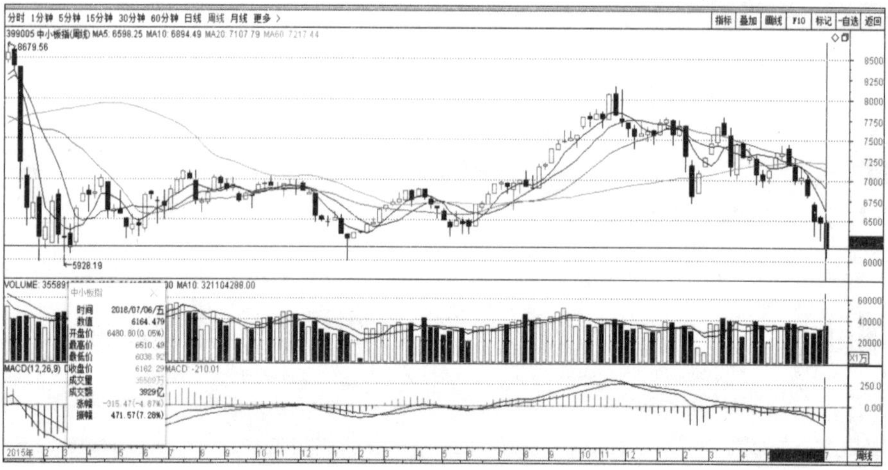

中小板	日期	收盘价	时间（周）	涨跌幅
确认点	11 月 10 日	8068.46		
疑似点				
目前位置	7 月 6 日	6162.29	34	-23.62%

2018 年 7 月 6 日创业板指数分析：

当前趋势判断：本周 -4.07% 大阴线，否定上周疑似转折，创新低。

当前仓位：2.44%。

操作决定：极小仓位，暂时保留。

创业板	日期	收盘价	时间（周）	涨跌幅
确认点	3 月 30 日	1900.48		
疑似点				
目前位置	7 月 6 日	1541.31	14	-18.90%

2018 年 7 月 6 日 A 股指数综合分析：

当前趋势判断：全部指数均为大幅下行趋势。

当前总仓位：A 股仓位 2. 44%。

操作决定：极轻仓，等待转折信号。

2018 年 7 月 13 日红宝石组合净值与同期指数对比：

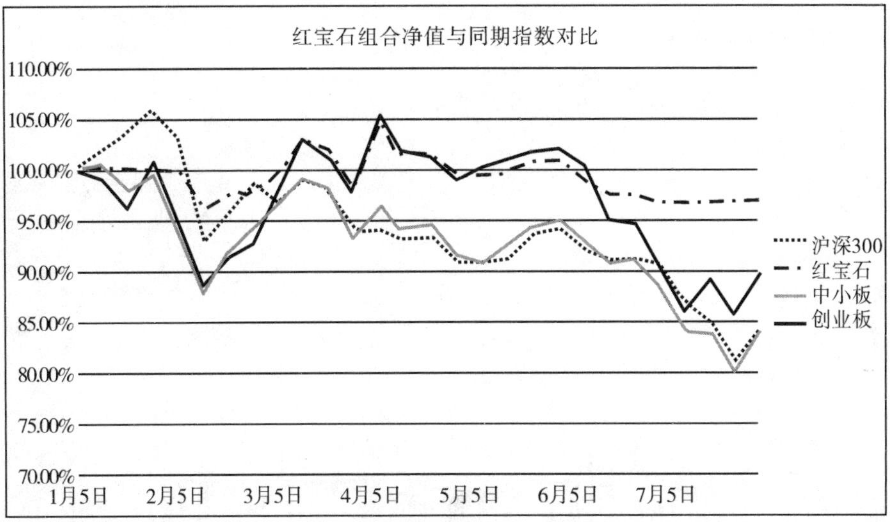

2018 年 7 月 13 日净值：

日期	红宝石组合净值	周增长率
4 月 20 日	0.995	−1.96%
4 月 27 日	0.996	0.08%
5 月 4 日	0.998	0.20%
5 月 11 日	1.007	0.92%
5 月 18 日	1.010	0.25%
5 月 25 日	0.990	−1.93%
6 月 1 日	0.978	−1.23%
6 月 8 日	0.976	−0.20%
6 月 15 日	0.970	−0.64%
6 月 22 日	0.966	−0.34%
6 月 29 日	0.968	0.21%
7 月 6 日	0.970	0.20%
7 月 13 日	0.970	−0.02%

2018 年 7 月 13 日持股比例：

持有品种	持股比例
中小板 ETF	0.00%
创业板	9.67%
300ETF	0.00%
银华日利	87.48%
现金	2.84%
合计	100.00%

2018 年 7 月 13 日沪深 300 指数分析：

当前趋势判断：本周 3.79% 大阳线，定位疑似转折信号。

当前仓位：0。

操作决定：观察下周表现后再定。

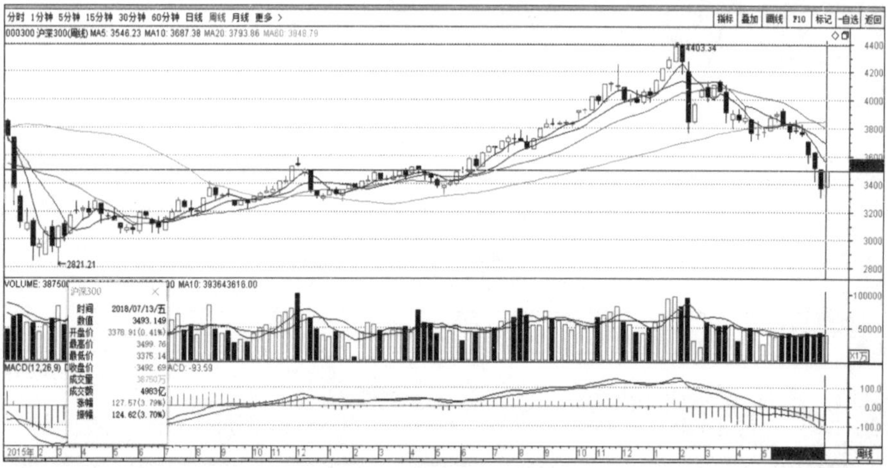

沪深 300	日期	收盘价	时间（周）	涨跌幅
确认点	1 月 26 日	4381.30		
疑似点	7 月 6 日	3365.12	23	-23.19%
目前位置	7 月 13 日	3492.69	1	3.79%

2018 年 7 月 13 日中小板指数分析：

当前趋势判断：本周 5.55% 大阳线，定为疑似转折信号。

当前仓位：空仓。

操作决定：观察下周再定。

中小板	日期	收盘价	时间（周）	涨跌幅
确认点	11 月 10 日	8068.46		
疑似点	7 月 6 日	6162.29	34	−23.62%
目前位置	7 月 27 日	6504.02	1	5.55%

2018 年 7 月 13 日创业板指数分析：

当前趋势判断：本周 5.01% 大阳线，定为疑似转折信号。

当前仓位：9.67%。

操作决定：增加小量仓位，继续观察。

创业板	日期	收盘价	时间（周）	涨跌幅
确认点	3 月 30 日	1900.48		
疑似点	7 月 6 日	1541.31	14	-18.90%
目前位置	7 月 13 日	1618.46	1	5.01%

2018 年 7 月 13 日 A 股指数综合分析：

当前趋势判断：全部指数均出现疑似转折信号，值得期待。

当前总仓位：A 股仓位 9.67%。

操作决定：观察下周，看疑似转折信号可否确认。

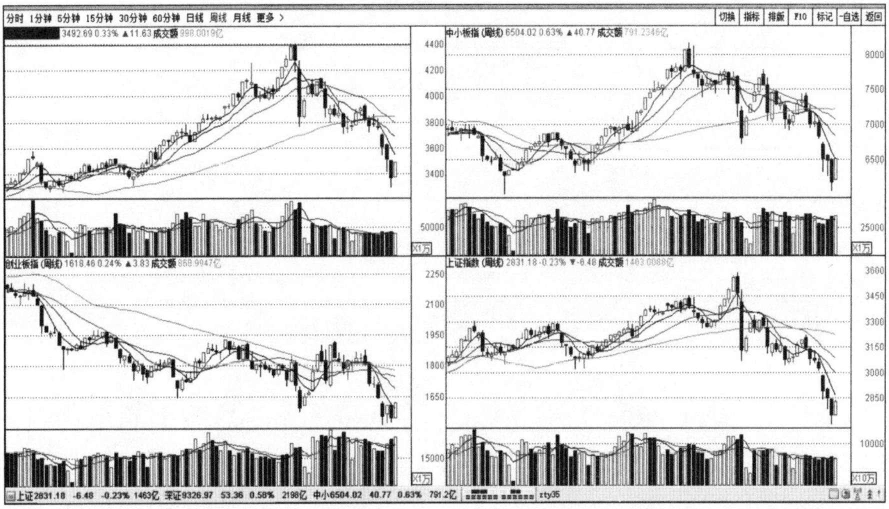

2018 年 7 月 20 日红宝石组合净值与同期指数对比：

2018 年 7 月 20 日净值：

日期	红宝石组合净值	周增长率
4 月 20 日	0.995	-1.96%
4 月 27 日	0.996	0.08%
5 月 4 日	0.998	0.20%
5 月 11 日	1.007	0.92%
5 月 18 日	1.010	0.25%
5 月 25 日	0.990	-1.93%
6 月 1 日	0.978	-1.23%
6 月 8 日	0.976	-0.20%
6 月 15 日	0.970	-0.64%
6 月 22 日	0.966	-0.34%
6 月 29 日	0.968	0.21%
7 月 6 日	0.970	0.20%
7 月 13 日	0.970	-0.02%
7 月 20 日	0.970	0.00%

2018 年 7 月 20 日持股比例：

持有品种	持股比例
中小板 ETF	0.00%
创业板	3.06%
300ETF	0.00%
银华日利	87.54%
现金	9.40%
合计	100.00%

2018 年 7 月 20 日沪深 300 指数分析：

当前趋势判断：本周 0.01% 长下影一字线，疑似转折信号得到加强。

当前仓位：0。

操作决定：观察下周表现后再定。

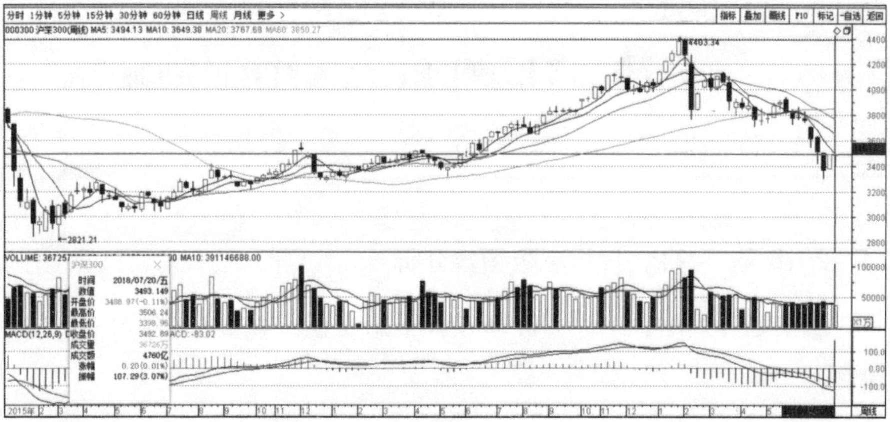

沪深 300	日期	收盘价	时间（周）	涨跌幅
确认点	1 月 26 日	4381.30		
疑似点	7 月 6 日	3365.12	23	-23.19%
目前位置	7 月 20 日	3492.89	2	3.80%

2018 年 7 月 20 日沪深 300 日线，存档。

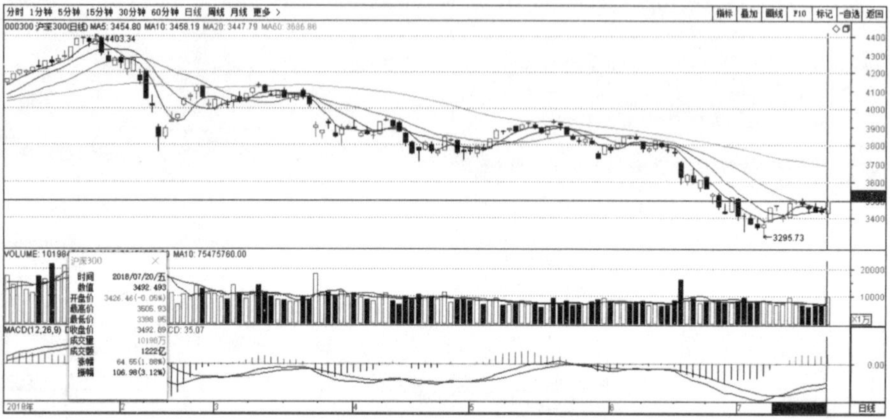

2018 年 7 月 20 日中小板指数分析：

当前趋势判断：本周 -0.36% 长下影小阴线，疑似转折信号得到维持。

当前仓位：空仓。

操作决定：观察下周再定。

中小板	日期	收盘价	时间（周）	涨跌幅
确认点	11 月 10 日	8068.46		
疑似点	7 月 6 日	6162.29	34	-23.62%
目前位置	7 月 20 日	6479.21	2	5.14%

2018 年 7 月 20 日中小板日线，存档。似乎不乐观。

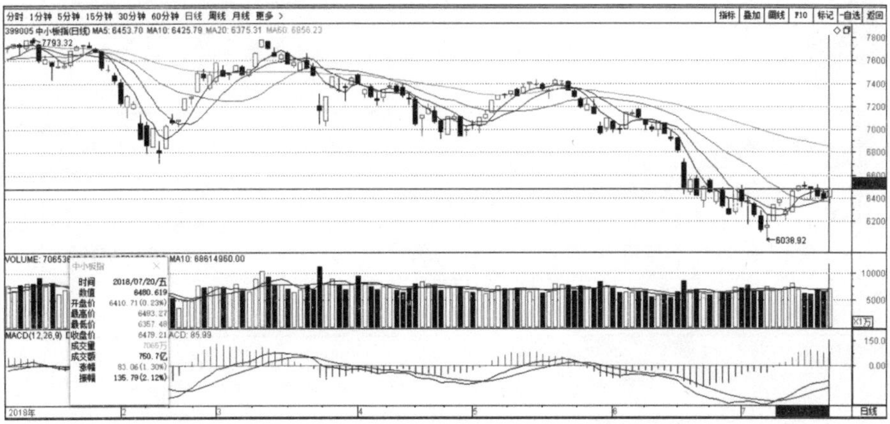

2018 年 7 月 20 日创业板指数分析：

当前趋势判断：本周 -0.55% 十字阴线，疑似转折信号维持。

当前仓位：3.06%。

操作决定：保持小量仓位，继续观察。

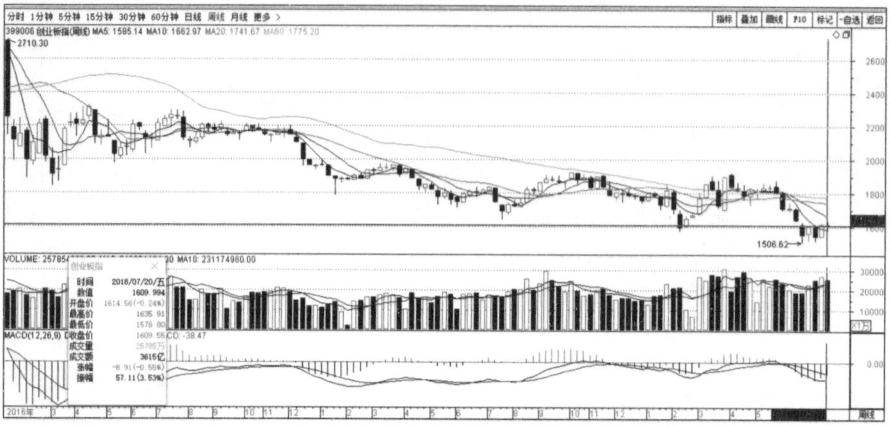

创业板	日期	收盘价	时间（周）	涨跌幅
确认点	3 月 30 日	1900.48		
疑似点	7 月 6 日	1541.31	14	-18.90%
目前位置	7 月 20 日	1609	2	4.43%

2018 年 7 月 20 日创业板日线，似乎不乐观。

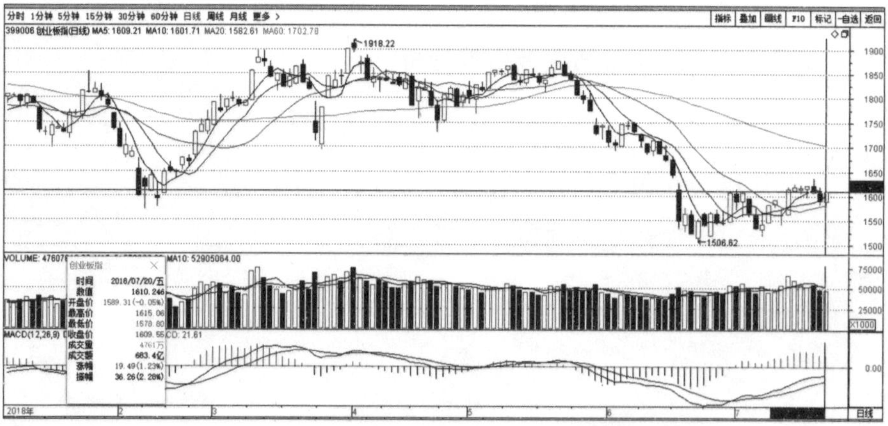

2018 年 7 月 20 日 A 股指数综合分析：

当前趋势判断：本周全部指数经过几日下跌后，周五大幅回升至上周收盘左右，疑似转折信号维持，值得期待。

当前总仓位：A 股仓位 3.06%。

操作决定：观察下周，看疑似转折信号可否确认。

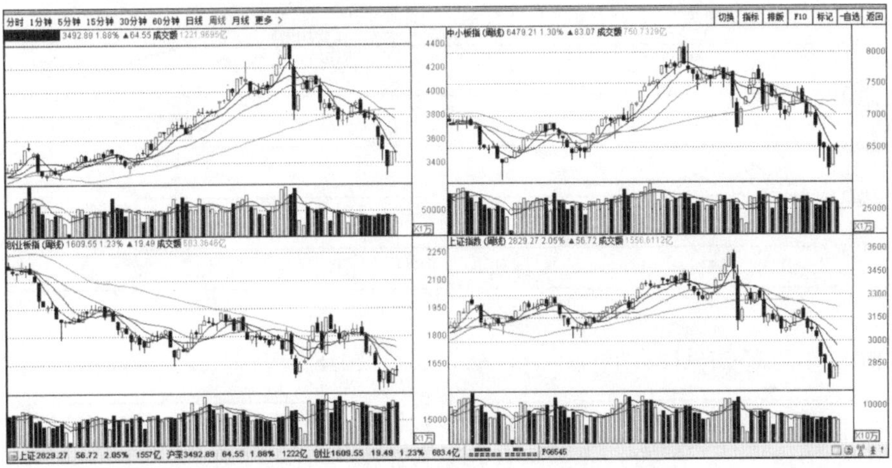

2018 年 7 月 27 日红宝石组合净值与同期指数对比：

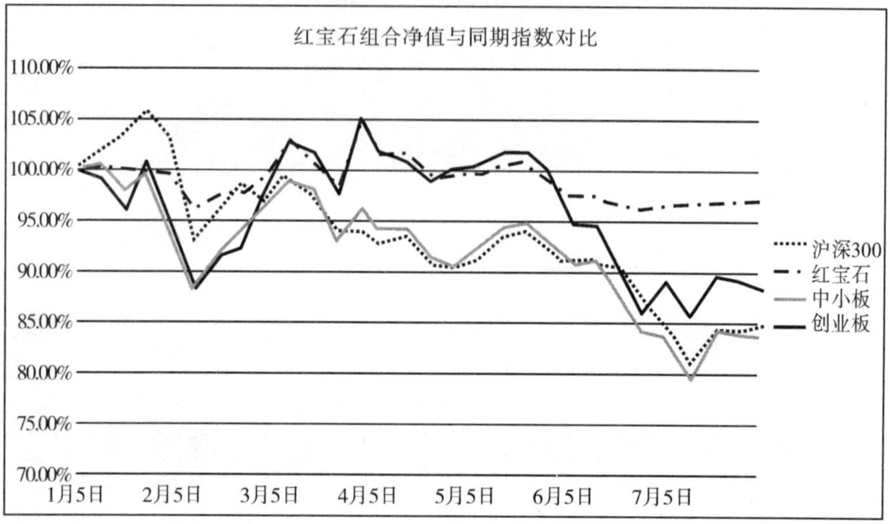

2018 年 7 月 27 日净值：

日期	红宝石组合净值	周增长率
4 月 20 日	0.995	-1.96%
4 月 27 日	0.996	0.08%
5 月 4 日	0.998	0.20%
5 月 11 日	1.007	0.92%
5 月 18 日	1.010	0.25%
5 月 25 日	0.990	-1.93%
6 月 1 日	0.978	-1.23%
6 月 8 日	0.976	-0.20%
6 月 15 日	0.970	-0.64%
6 月 22 日	0.966	-0.34%
6 月 29 日	0.968	0.21%
7 月 6 日	0.970	0.20%
7 月 13 日	0.970	-0.02%
7 月 20 日	0.970	0.00%

2018 年 7 月 27 日持股比例：

持有品种	持股比例
中小板 ETF	22.24%
创业板	3.03%
300ETF	35.74%
银华日利	29.18%
现金	9.81%
合计	100.00%

2018 年 7 月 27 日沪深 300 指数分析：

当前趋势判断：本周 0.81% 长上影阳线，放量，疑似转折信号继续得到小许加强。

当前仓位：35.74%。

操作决定：当期仓位已经较大，谨慎观察下周表现。

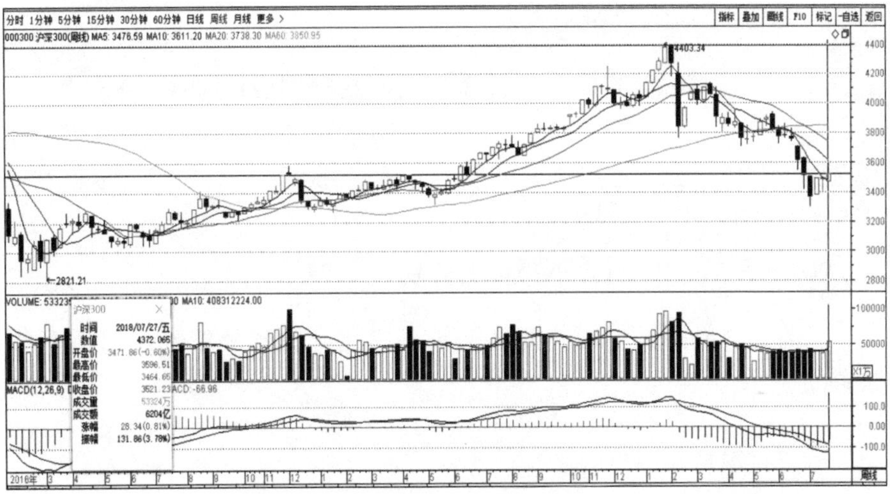

沪深 300	日期	收盘价	时间（周）	涨跌幅
确认点	1 月 26 日	4381.30		
疑似点	7 月 6 日	3365.12	23	-23.19%
目前位置	7 月 27 日	3521.23	3	4.64%

疑似 1

2018 年 7 月 27 日沪深 300 日线，注意成交量，存档。

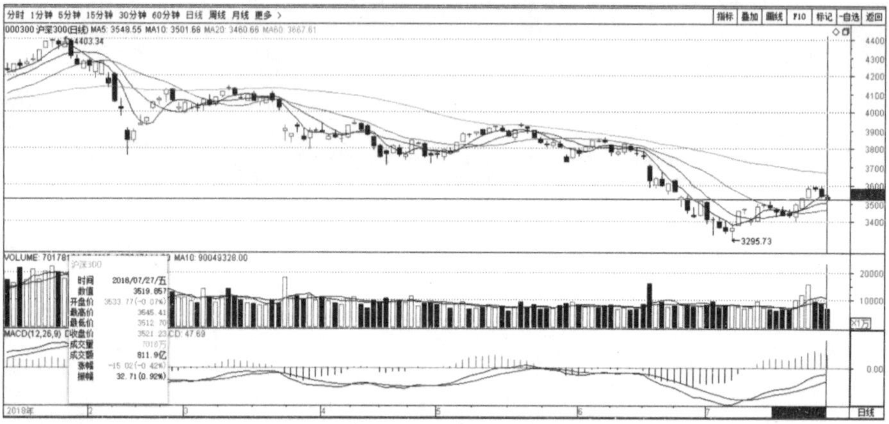

2018 年 7 月 27 日中小板指数分析：

当前趋势判断：本周 -0.16% 长上影墓碑线，疑似转折信号有所减弱。

当前仓位：22.24%。

操作决定：谨慎观察下周表现。

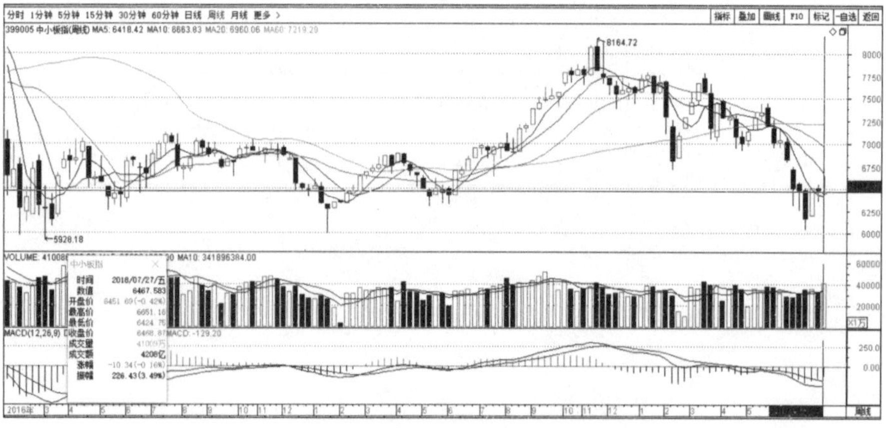

中小板	日期	收盘价	时间（周）	涨跌幅
确认点	11 月 10 日	8068.46		
疑似点	7 月 6 日	6162.29	34	-23.62%
目前位置	7 月 27 日	6468.87	3	4.98%

疑似 2

2018 年 7 月 27 日中小板日线，存档。

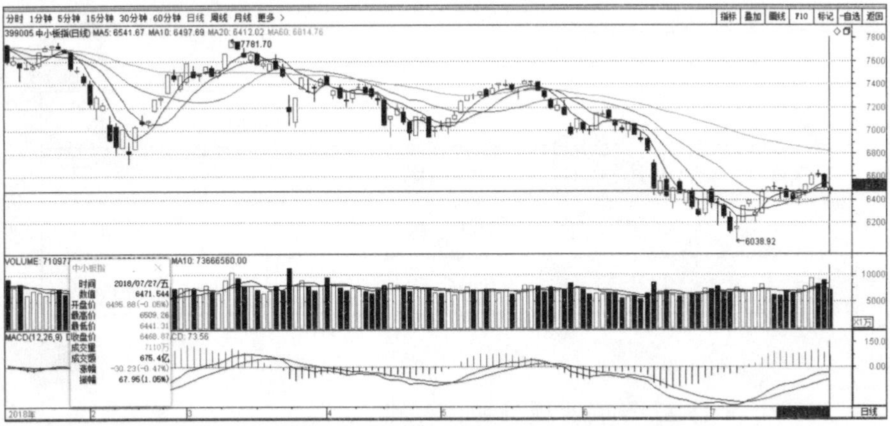

2018 年 7 月 27 日创业板指数分析：

当前趋势判断：本周 -0.93% 长上影阴线，疑似转折信号减弱。

当前仓位：3.03%。

操作决定：保持小量仓位，继续观察。

创业板	日期	收盘价	时间（周）	涨跌幅
确认点	3 月 30 日	1900.48		
疑似点	7 月 6 日	1541.31	14	-18.90%
目前位置	7 月 27 日	1594.57	3	3.46%

疑似 3

2018 年 7 月 27 日创业板日线，存档。

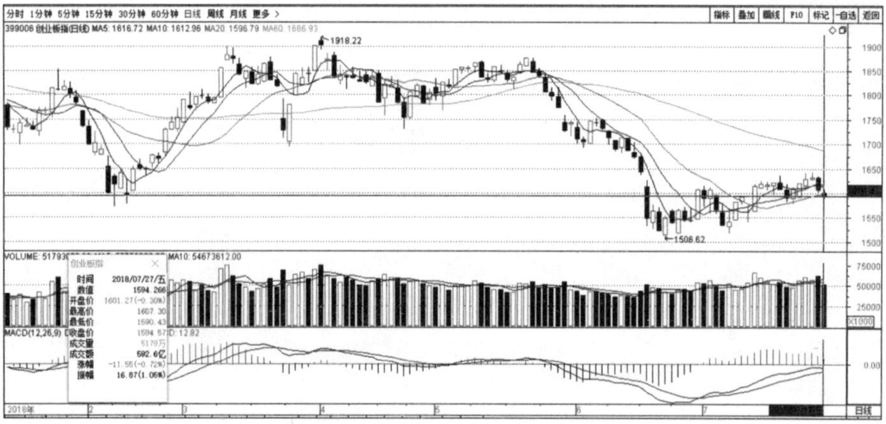

2018 年 7 月 27 日 A 股指数综合分析：

当前趋势判断：本周上证 300 指数小许上升，其他指数小幅下跌，转折信号后第三周，市场在观望，疑似转折信号能否确认需要再观察。

当前总仓位：A 股仓位 61.01%，仓位已经较大，与指数共存亡。

操作决定：再观察下周，看疑似转折信号可否确认。

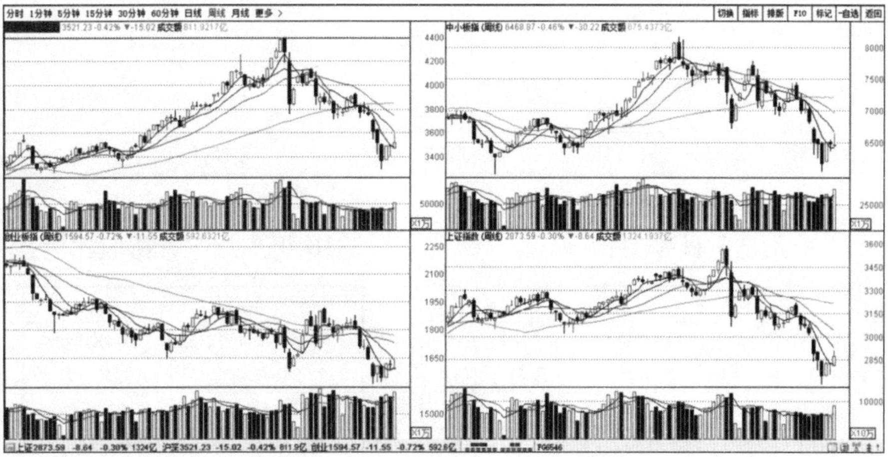

2018 年 8 月 3 日红宝石组合净值与同期指数对比：

2018 年 8 月 3 日净值：

日期	红宝石组合净值	周增长率
4 月 20 日	0.995	-1.96%
4 月 27 日	0.996	0.08%
5 月 4 日	0.998	0.20%
5 月 11 日	1.007	0.92%
5 月 18 日	1.010	0.25%
5 月 25 日	0.990	-1.93%
6 月 1 日	0.978	-1.23%
6 月 8 日	0.976	-0.20%
6 月 15 日	0.970	-0.64%
6 月 22 日	0.966	-0.34%
6 月 29 日	0.968	0.21%
7 月 6 日	0.970	0.20%
7 月 13 日	0.970	-0.02%
7 月 20 日	0.970	0.00%
7 月 27 日	0.971	0.06%
8 月 3 日	0.960	-1.06%

2018 年 8 月 3 日持股比例：

持有品种	持股比例
中小板 ETF	0.00%
创业板	2.85%
300ETF	24.26%
银华日利	59.04%
现金	13.85%
合计	100.00%

2018 年 8 月 3 日沪深 300 指数分析：

当前趋势判断：本周 -5.85% 大阴线，疑似转折信号被否定。

当前仓位：24.26%。

操作决定：当期仓位仍然较大，下周继续择机减持。

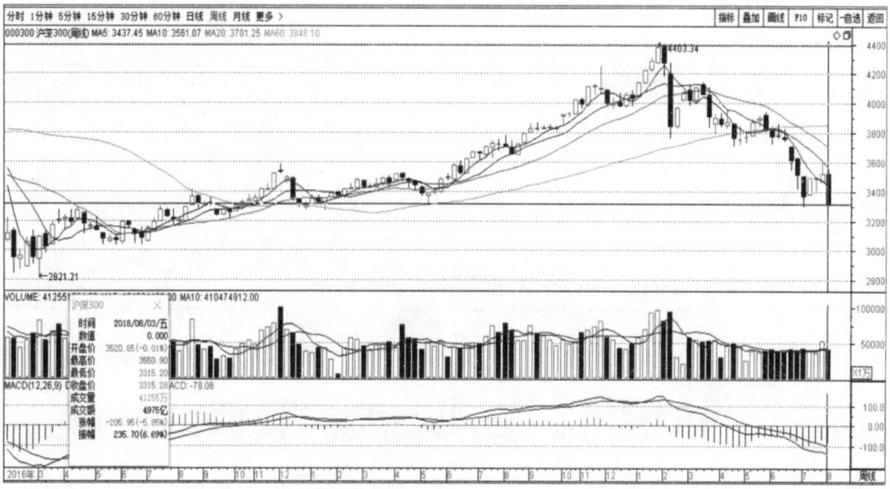

沪深 300	日期	收盘价	时间（周）	涨跌幅
确认点	1 月 26 日	4381.30		
疑似点				
目前位置	8 月 3 日	3315.28	27	-24.33%

2018 年 8 月 3 日中小板指数分析：

当前趋势判断：本周 -6.14% 大阴线，创历史新低，疑似转折信号被否定。

当前仓位：0。

操作决定：观察下周表现。

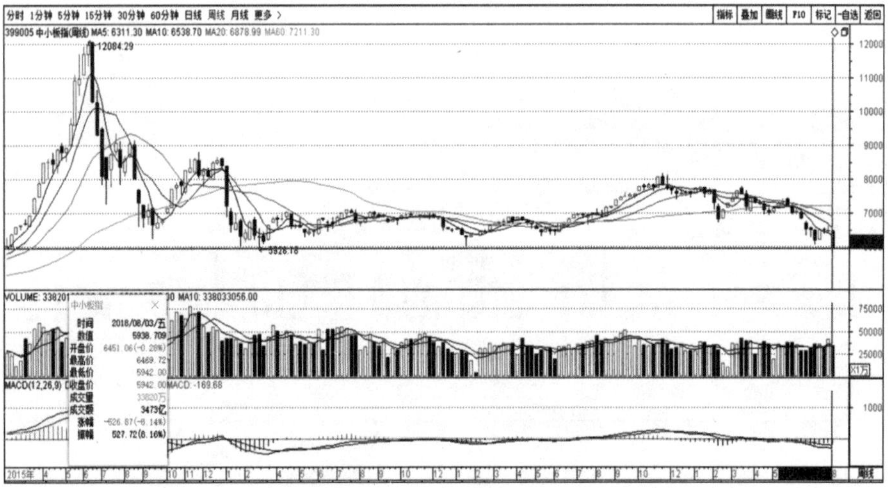

中小板	日期	收盘价	时间（周）	涨跌幅
确认点	11 月 10 日	8068.46		
疑似点				
目前位置	8 月 3 日	5942.00	38	-26.36%

2018 年 8 月 3 日创业板指数分析：

当前趋势判断：本周 -7.08% 大阴线，创历史新低，疑似转折信号被否定。

当前仓位：2.85%。

操作决定：保持极小量仓位，继续观察。

创业板	日期	收盘价	时间（周）	涨跌幅
确认点	3 月 30 日	1900.48		
疑似点				
目前位置	8 月 3 日	1481.61	18	-22.04%

2018 年 8 月 3 日 A 股指数综合分析：

当前趋势判断：本周全部指数均大幅下跌，创业板和中小板创历史新低，疑似转折信号后第四周全部被否定。

当前总仓位：A 股仓位 27.11%。

操作决定：仓位较大，下周择机减持。

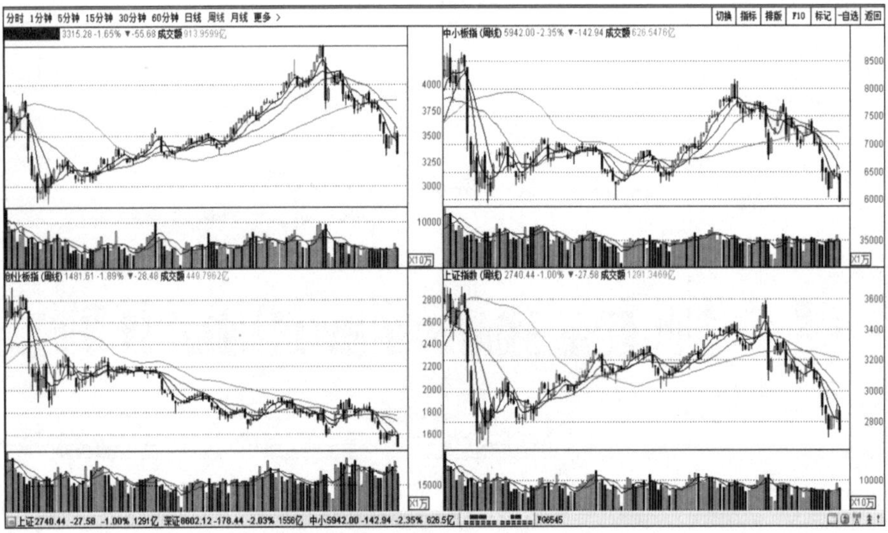

第二篇

“另类”的投资思维

首先，我希望在股市获得合理回报。怎样才算“合理回报”？投资回报率能够达到平均每年15%～20%的水平，就应该是比较满意的了。

第二，我期望我在股市的投资有比较低的风险水平，即不要超过我能够承受的亏损率。

第三，我期望我的操作可以比较轻松，不需要时时“盯盘”。

第四，我期望我的操作方法不需要依赖太多的“分析”和“信息”。

第五章　大道至简

简单不等于浅薄!

如果你是在看了很多，想了很多，练习了很多以后，总结出“简单”的规则，那么，这就不简单。

在本书的第一篇，我希望尽量简单地将我的股票投资方法介绍出来，使读者学会根据简单的“转折信号”，在比较低的风险水平下，从股票市场获得合理的收益。

在本书的第二篇，我将自己漫长的学习、思辨、练习过程介绍给读者。

我对股市的研究是从亏损开始的。如果我进入股市后没有亏损，那么我早已财务自由，到处游山玩水，也不会想到去写什么书了。不过我可没有那么幸运，进入股市后，尽管自己信心满满，但还是糊里糊涂就亏了，我不死心，决心静下心来，好好研究一下股票投资。

我是一个比较死板的人，于是我先分析了自己的状况，为自己定下一些方向:

首先，我不打算研究、发明新的股市投资理论，一是我没有这个水平，二是股市已经存在这么多年，很多聪明人已经从不同角度研究出各种理论，我只要认真地学习这些理论，找到适合自己的方法并加以运用就可以了。于是我研究了主要的股市投资理论和方法，并将自己的研究体会在本书第三、四篇中介绍给大家。

其次，我希望自己研究出来的方法可以传授给我的家人或朋友使用，所以不能有太复杂的专业分析，也不能依靠特殊的消息来源，更不能采用复杂的数学模型，只能依靠公开的、可靠的、简单的信息作为买卖依据。即使这样可能不会取得“最好”的投资收益，但只要取得稳定、可靠、合理的收益就可以了。

再次，我希望找到的是有科学依据的股市投资方法，回归股市“共赢”的本质，并不打算去和庄家博弈。所以我不会去研究庄家的行为和表现，凡是需要分析判断庄家（对手）行为的方法，我都不会采用，只是专注分析市场的行为和规律。

我明白只有根据自己的投资方法，持续获得满意的收益，才能证明自己方法的成功。否则不管是逻辑推理正确或获得某些“大师”的认可，只要没有持续正收益，就不能说自己的方法正确。

最初，我对一起研究的伙伴说，我们面临的是一个未解的方程式，如果它是有解的，我们始终可以找到这个解，如果它是无解的，即股市根本没有一般人可以操作的投资方法，只有靠运气，那么我们就白忙了。而最终，我足足用了近十年时间，才找到一个近似的“解”。如果利用这个“解”可以使自己，或者自己的一些朋友，甚至可以让读者在以后的股市投资中不再亏损，并且获得合理的回报，那么，我之前的努力就很有价值了。

第六章　巴菲特35年投资业绩的启示

由劳伦斯A·坎宁安编写，陈鑫先生在2003年翻译的《巴菲特致股东的信：股份公司教程》一书，是我国较早翻译的一本关于巴菲特投资思想的著作。已经记不起我是何时开始读这本书，书的内容当然也差不多全忘记了。但是，书中所附的一张巴菲特35年投资业绩的表格，却令我印象非常深刻，10多年来一直在苦苦思索其中的奥秘。

下表是1965年至1999年35年中，巴菲特投资业绩和标普指数的比较表。

从表中，我得到的启示为：

(1) 股神投资35年从没有亏损，而同期大盘有7年亏损，充分说明“不亏损才是硬道理”。

那么，如何能够在大盘下跌时自己却不亏损呢？其中的奥秘股神从来不肯说！但我们可以肯定的是，股神能够判断出大盘什么时候下跌，而且，他能够有方法避开或者对冲股价下跌的影响。

作为散户，要做到大盘下跌时不亏损，最简单的方法就是在大盘下跌时坚决离场，转买一些固定收益的保本理财产品，就可以做到“不亏损”！但是想深一层，大盘天天都在升跌，哪天的跌才该走，哪天的跌就不该走呢？有无数人用无数方法试图解决这个问题。包括计

巴菲特投资业绩和标普指数表

年收益率	巴菲特的业绩	标普指数
50%以上	1年	0
40%至49%	5年	0
30%至39%	7年	8年
20%至29%	8年	6年
10%至19%	10年	8年
0至9%	4年	6年
0至-10%	0	4年
-11%至-20%	0	2年
-21%至-30%	0	1年
合计	35年	35年
35年复利增长倍数	1952.3	60.3
在大盘盈利时战胜大盘	24次	
在大盘盈利时跑输大盘	4次	

算价值与价格差异，利用技术分析方法，采用蜡烛图分析，运用波浪理论分析等。这些方法都有一个共同的问题，就是每套方法都相当复杂。但是复杂的方法不确定性反而大，复杂的方法也很难坚持35年。只有找到简单一些，可以重复使用的方法，才可以坚持使用35年不动

摇！于是寻求简单的股票投资方法就成了我努力的方向。

（2）在股市大盘盈利的28年中，巴菲特战胜市场24次，只输了4次。这说明股神的选股理论和方法是对的，他能够选择出优质的、跑赢大盘的个股。

开始时我也努力学习分析企业的内在价值，希望找到优秀的公司，但是并不成功。一方面中国股市“优秀”的企业不多，第二不受机构操控的个股也几乎没有，所以我放弃了通过寻找优秀个股战胜市场的方法，转而采用购买投资组合的方式来获取大盘平均收益水平，后来更采用购买ETF指数基金这样的便捷方式代替选择个股。我的方法其实是在大盘上升时略输于市场，在大盘下跌时不跌或微跌，这样总和就一定跑赢市场。

（3）在这35年中，股神也只有一年回报超过50%，为59.3%。说明稳定持续的盈利最重要，不必追求超高的投资回报率。

所以综合我对巴菲特这张表格的理解，我给自己提出了两个目标，一是在大盘下跌时不亏损（最多只是有限亏损），二是在大盘上升时至少要达到大盘上升幅度的80%左右。这就是我对自己下达的，也有信心完成的股市投资KPI指标。

巴菲特历年投资业绩表

年份	巴菲特业绩	标普指数	差异	巴菲特业绩累计	标普指数累计
1964				1.0	1.0
1965	23.8%	10.0%	13.8%	1.2	1.1
1966	20.3%	-11.7%	32.0%	1.5	1.0
1967	11.0%	30.9%	-19.9%	1.7	1.3
1968	19.0%	11.0%	8.0%	2.0	1.4
1969	16.2%	-8.4%	24.6%	2.3	1.3
1970	12.0%	3.9%	8.1%	2.6	1.3
1971	16.4%	14.6%	1.8%	3.0	1.5
1972	21.7%	18.9%	2.8%	3.6	1.8
1973	4.7%	-14.8%	19.5%	3.8	1.6
1974	5.5%	-26.4%	31.9%	4.0	1.1
1975	21.9%	37.2%	-15.3%	4.9	1.6
1976	59.3%	23.6%	35.7%	7.8	1.9
1977	31.9%	-7.4%	39.3%	10.3	1.8
1978	24.0%	6.4%	17.6%	12.7	1.9
1979	35.7%	18.2%	17.5%	17.3	2.3
1980	19.3%	32.3%	-13.0%	20.6	3.0
1981	31.4%	-5.0%	36.4%	27.1	2.8
1982	40.0%	21.4%	18.6%	37.9	3.5

（续表）

年份	巴菲特业绩	标普指数	差异	巴菲特业绩累计	标普指数累计
1983	32.3%	22.4%	9.9%	50.1	4.2
1984	13.6%	6.1%	7.5%	56.9	4.5
1985	48.2%	31.6%	16.6%	84.4	5.9
1986	26.1%	18.6%	7.5%	106.4	7.0
1987	19.5%	5.1%	14.4%	127.2	7.4
1988	20.1%	16.6%	3.5%	152.7	8.6
1989	44.4%	31.7%	12.7%	220.6	11.3
1990	7.4%	-3.1%	10.5%	236.9	11.0
1991	39.6%	30.5%	9.1%	330.7	14.3
1992	20.3%	7.6%	12.7%	397.8	15.4
1993	14.3%	10.1%	4.2%	454.7	16.9
1994	13.9%	1.3%	12.6%	517.9	17.2
1995	43.1%	37.6%	5.5%	741.1	23.6
1996	31.8%	23.0%	8.8%	976.8	29.1
1997	34.1%	33.4%	0.7%	1，309.9	38.8
1998	48.3%	28.6%	19.7%	1，942.6	49.8
1999	0.5%	21.0%	-20.5%	1，952.3	60.3

第七章　我期望在股市获得什么

当我打算认真研究一下股市，寻找一种适合自己的“理性”投资方法的时候，才发觉股市太大了！股市里面人山人海、众说纷纭、千变万化，令我无从下手。于是，我问自己，我期望在股市获得什么？我觉得只有想通了这个问题，才可以指导我今后的研究方向。

首先，我希望在股市获得合理回报。怎样才算“合理回报”？我认为投资股市的本来目的，就是分享上市公司每年的盈利。因此，如果可以达到比较优秀的上市公司的平均净资产收益率水平，就可以算比较理想了。例如2015年末，万科的净资产收益率为19.14%，格力为27.31%，招商银行为17.09%，贵州茅台为26.23%等。因此，如果运用我的投资方法，投资回报率能够达到平均每年15%～20%的水平就应该是比较满意的了。当然，因为股市是波动的，每年的回报率不会一样，但是，5年以上的平均回报率应该要接近这个水平。

第二，我期望我在股市的投资有比较低的风险水平，即不要超过我能够承受的亏损率。

那么，亏损率超过多少才算超出我的承受能力呢？因为我期望的合理年回报率为15%～20%，所以如果我的浮动亏损率达到20%（即亏损额/最近的最高资产总额*100%），还不平仓，就有可能加大亏损。如果平仓变成实亏，我就要用一年的盈利来弥补，这样就会拖低我的收益水平。更严重的是，如果我的操作方法出现这么高的亏损率，那么如何能说这个方法是有效的呢？所以我设定最大浮动亏损率不能超过15%。我要将这一项作为硬性规定，作为一票否定的红线，不给自己如何借口，如果超过，就视同我的方法失败了。在初期，我选择购买个股时，亏损率比较难控制，到后来，我采用购买ETF的方法，控制亏损率就比较有把握了。

第三，我期望我的操作可以比较轻松，不需要时时“盯盘”。这样的考虑有两个目的，一个是比较轻松的操作方法可靠性高，第二是轻松的方法我能够在年纪比较大的时候继续操作，如果操作方法很复杂，那么年纪一大就不容易操作。到最后，我形成的方法实在太“轻松”了，很久才买卖一次，要耐得住“寂寞”反而变成问题了。

第四，我期望我的操作方法不需要依赖太多的“分析”和“信息”。一个方法越简单，可靠性就越高。如果需要依赖很多的“分析”和“信息”，不确定性反而会增加，有可能“更好”但也很可能会“更不好”，所以，我最后选择采用稳定性很高、收益率可以令自己满意的方法，而放弃其他有时会“更好”，但有时也可能“更不好”的方法。特别是我采用购买ETF的方法后，不用再去分析个股，整个操作方法变得简单多了。

当然，明确期望和选择方法是一个互动的过程，有时我会因为方法修改自己的期望，有时也会根据期望修改自己的方法。最终，找到了第一篇介绍的“最简单的炒股办法”。

第三篇

化繁为简

我的方法以反向的周线长阴或长阳作为唯一的“转折信号”，这样的信号是明显的。如果加上几个指数的相互确认（形成共振），并考虑当前处于长期趋势中的哪一个阶段，就可以增加判断的准确性。但从长线角度讲，10%的长阴或长阳，比5%的长阴或长阳，其“转折信号”更可靠。

第八章　对道氏理论两个重要假设的理解

这一篇介绍我学习、运用道氏理论的重要心得。其中最重要的部分已经在第一篇中介绍过，这里只是进一步的展开说明。所以看起来与第一篇有所重复，实则是对前述的深入解读。

道氏理论的假设中，有两个假设是最重要的，就是“市场行为包含一切信息”和“长期趋势不会被人为操纵”。第一个假设指出：在市场中，人们每天对于他们能够获得的一切，诸如经济、政治、政策、个股甚至火灾、地震、战争等方面的信息，不断加以评估和判断，并加入自己的心理因素，最终全部反映到市场的决策中，表现在K线走势图上。第二个假设指出：“平均价格指数的日间波动可能受到人为操纵，次级运动也可能在有限的程度上受到人为操纵，但是人为操纵无法撼动市场的主要运动。”

我们首先讨论“市场行为包含一切信息”这一个假设。如果我们不去做学术上的辩论，只是在操作层面进行讨论，我们会更容易接受这个假设。在操作层面，我们可以用每天变化的K线图代表“市场行为”的结果，这个结果是明确的，记录了当天股票市场无数的交易者的全部交易行为，每天由交易所权威发布，而且是唯一的。

我们可以相信，每一个交易者都是根据他得到的全部“信息”来决定他的交易行为的，所以，我们可以认为反映当天的全部交易行为的K线图，反映了当天交易者所知道的（包括他们猜测的）全部信息。即“市场行为包含一切信息”。即使一个交易者根据他获得的信息决定不操作，那么这个“市场行为”也会在K线图上反映出来。比如在股市低迷的时候，我可以在K线图上看到股价波幅很窄，交易量很少，这就反映了很多交易者根据他们知道的“信息”决定不操作。

实际上，许多交易者确实也是将K线图作为他们决定买卖的主要依据。那么问题就来了，如果有人操纵股市，通过他们设计的交易行为，影响K线图，误导其他交易者做出有利于他们的交易行为，这个假设还成立吗？于是，道氏理论就有了另一个假设：“长期趋势不会被人为操纵”。

这个假设只是肯定“长期趋势不会被人为操纵”，但“日间波动可能受到人为操纵，次级运动也可能在有限的程度上受到人为操纵”。这个假设按道氏理论的主要发展者汉米尔顿所说，是“他与华尔街保持了二十二年的亲密关系，更加重要的是，他经历过伦敦交易所、巴黎交易所，甚至是1895年投机猖獗、金矿股票等市场实践”而得到验证的。

这个假设是我们根据道氏理论进行股票买卖的重要基础，如果这个假设不存在，股市里面的所有活动都可以被人为操纵。那么我们就只有被迫与操纵者“斗智斗勇”，散户就永远处于弱势地位，不可能找到“理性”的投资方法。

我通过长时间的逻辑思辨和自己的经验总结，坚定地接受了这个假设，我希望读者也能反复思考、求证，来决定是否接受这个假设。如果你不能接受这个假设，那么你最好放弃学习本书的方法。否则你在操作过程中一定会犹疑、时时担心是否有人在骗你，变得把握不定，不能取得满意的投资效果。

事实上，希望操纵股市的大有人在，最终“被操纵”的也大有人在。由于人性的驱动（我不说这是“弱点”，只是人类正常的“本性”而已），很多人甚至是自愿的，并饶有兴趣地参与这种“博弈”游戏。

这些“操纵者”有些是没有文化的“涨停敢死队”，有些是知识渊博的专家，有时甚至是索罗斯这样的“大鳄”。而政府也会以“救市”的名义，加入到这些“操纵者”当中。

下面我们看一个著名的操纵股市的例子，就是1998年香港政府大规模入市“香港金融保卫战”的事件。下图是当时的恒生指数走势图，请注意这个事件是发生在一个跨度一年左右的大幅下行的中期趋势（甚至可以视为长期趋势）的底部，那么，如果没有这次数以千亿元的操纵，股市是不是也应该开始下一个中期上升趋势了呢？这就永远是未知了。不过看完这个例子后，我仍然相信“长期趋势不会被人为操纵”。

1997—1999 年期间的恒生指数（十字线是港府入市胜利的日子）

以下是根据新华社的文章节录的香港金融保卫战的经过：

1997年10月，国际炒家首次冲击香港市场，造成香港银行同业拆息率一度狂升至300%，恒生指数和期货指数下泻1000多点，大获而归。10月风暴过后，又是多次小规模狙击港元，利用汇率、股市和期市之间的互动规律大肆投机，狂妄地将香港戏称为他们的“超级提款机”。

1998年8月初，国际炒家对香港发动新一轮进攻。索罗斯联同其他财力雄厚的“金融大鳄”三度冲击在香港奉行的联系汇率制。他们采取“双管齐下”的方式，一方面大肆散布人民币要贬值的谣言，动摇投资者对港元的信心；另一方面在外汇市场大手抛出投机性的港元沽盘，同时在股市抛售股票来压低恒生指数，以及在恒指期货市场累积大量淡仓，指望在汇市、股市和期市相关连的市场上大获其利。

在国际炒家的猛烈冲击下，恒生指数在8月中旬跌至6600点，一年之间总市值蒸发了近2万亿港元！同时，港元兑美元汇率迅速下跌，各大银行门前出现了一条条挤兑的人龙，这是香港自20世纪80年代以来从未遇到的情况。

虽然香港在金融危机中遭受重创，但金融大鳄们的嚣张气焰在香港却遭到顽强的抗击。当时执掌香港特区政府财政大权的曾荫权，开始动用港币与国际炒家搏杀。从1998年8月14日起，香港政府连续动用港币近千亿，股市、期市、汇市同时介入，力图构成一个立体的防卫网络，目的在托升恒生指数，不仅要让炒家在抛空8月期指的作业中无利可图，更要使他们蚀本，知难而退。

8月14日一开市，香港金管局首次动用外汇基金进入股市、期市，大量收进蓝筹股票和期票，同时提高银行隔夜拆息率，夹攻国际炒家。市场估计当日约动用40亿港元入市。

8月24日，为了打破炒家的套利计划，港府再次主动出击，动用50亿港元入市干预。午市时分买盘突然瞬间中断，结果股指迅即暴跌300点，两分钟后才被大手买盘重新拉回到7900点水平。当日恒生指数急升318点，收盘于7845点。

8月27日，8月份期货结算前夕，特区政府摆出决战姿态。

当天，全球金融消息极坏，美国道琼斯股指下挫217点，欧洲、拉美股市分别下跌3%和8%，香港股市面临严峻考验。在曾荫权的指挥下，港府一天注入约200亿港元，将恒生指数稳托上升88点，为最后决战打下基础。

同日，国际炒家量子基金宣称：港府必败。索罗斯这种以某个公司或部分人的名义公开与一个政府下战书，扬言要击败某个政府的事件闻所未闻、史无前例。

8月28日是期货结算日，炒家们手里有大批期货单子到期必须出手。若当天股市、汇市能稳定在高位或继续突破，炒家们将损失数亿甚至十多亿美元的老本，反之港府前些日子投入的数百亿港元就扔进大海。当天双方交战场面之激烈远比前一天惊心动魄，全天成交额达到创历史纪录的790亿元港币。港府全力顶住了国际投机者空前的抛售压力，最后闭市时恒生指数为7829点，比金管局入市前的8月13日上扬了1169点，增幅达17.55%。

香港财政司司长曾荫权立即宣布：在打击国际炒家、保卫香港股市和货币的战斗中，香港政府已经获胜。香港市场人士估计，香港政府在这两星期托市行动中，投入资金超过1000亿港元。之后，港股在连续下跌中止住脚步并开始强劲飙升，加上祖国内地减息亦成大市上扬的题材，这些因素令恒指急速反弹。在股市强劲反弹之下，港元汇价恢复稳定。至此，这场惊心动魄的港币保卫战告一段落。

当时的港府财政司司长曾荫权后来说过："决定政府入市干预的前一晚，我坐在床头哭了，不是为我自己，而是怕这个决定如果错误了，害了香港，我怎么向中央政府、向市民们交代?"

请注意，即使香港政府这样力量庞大的操纵者与索罗斯这样的大鳄对抗，也只是在半个月时间里，操纵了大约1000点的市场。相对于已经持续一年，下跌了近10000点的长期趋势，并不能产生决定性的作用。所以道氏理论"长期趋势不会被人为操纵"这个假设再次被证明是正确的。如果你看看下图港府入市的时间点，就会更加清楚。

1997—1999年期间的恒生指数（十字线是港府入市胜利的日子）

第九章　股市运动的趋势

道氏理论的伟大贡献，就是简洁地归纳出股市运动的趋势。道氏理论指出，股票指数的波动有三种趋势：短期趋势，持续数天至数个星期；中期趋势，持续数个星期至数个月；长期趋势，持续数个月至数年。任何时点，我们都处于这三种趋势的运动变化之中。

除了上述三种趋势，道氏理论还分析了“窄幅横盘”这个特殊的趋势运动形态。这个期间，通常用“市场没有方向”来形容。一个“线性窄幅区间盘整”的形态，一般持续两到三周，或者更长的时间。在此期间，各个平均价格指数的价格变化处于大约5%的窄幅区间范围内。

我们一般将一个上升的长期趋势叫作“牛市”，将一个下跌的长期趋势叫作“熊市”。那么牛市期间向下的中期趋势就叫作“回调”，熊市期间向上的中期趋势就叫作“反弹”。

在实际操作层面，我们并不需要十分严格地去定义这些趋势的时间和幅度。比如2008年11月至2009年8月这一段，历时大约9个月，上证指数从大约1700点升到约3000点。那么，我们应该将这一期间视作一个牛市，还是视作从2007年11月至2014年7月这个漫长的熊市中的一个“反弹”呢？这样的争论未必会有结果。我们不如集中精力去分析，怎样才可以做出决定，在2008年11月买入，而在2009年8月卖出。

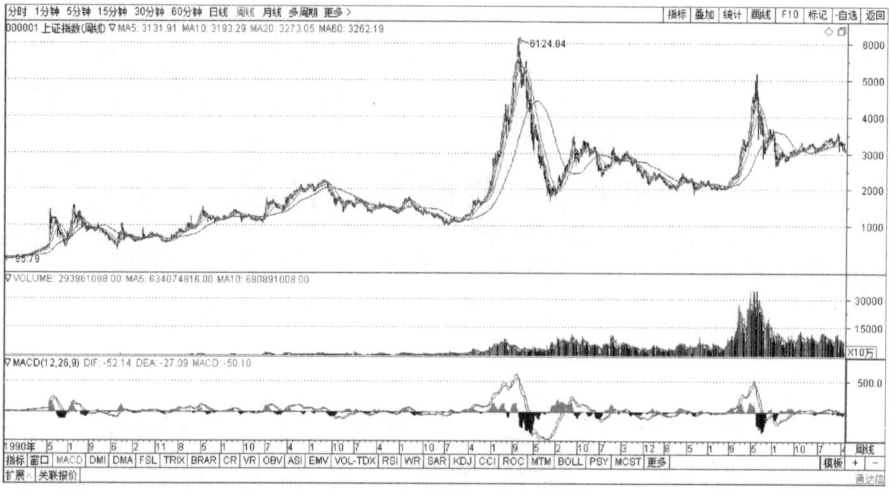

1997 年至今上证指数走势图

为了帮助投资者更准确地判断趋势，道氏理论还提出一个原则：各种指数必须相互确认。指数确认是道氏理论中最重要的原则之一，即各种指数必须相互确认，也就是呈现出相同或相近的波动时，趋势才能被确认。而单一指数的行为并不能成为趋势反转的有效信号。

以前曾经有人批评，个股的同升同跌是市场不理性的表现，大盘升时，价值股和垃圾股同涨，大盘跌时，价值股和垃圾股也同跌。个股涨跌虽然会有先有后，但最终都会通过“补涨补跌”的方式，走向相同趋势。道氏理论关于指数要相互确认的原则，却正好说明同涨同跌才是客观规律。指数相互确认的实质，就是个股要同步，如果个股不同步，运动的力量就会互相抵消，趋势就难以形成。只有个股同步了，运动的力量就大了，才会形成趋势。而造成个股同步现象的原因，是绝大多数市场参与者对股市趋势的认同，大家看法一致，趋势就形成了。

在道琼斯的时代，股票数量并不多，所以他要求的是要工业和铁路两个指数相互确认。现在市场已经非常庞大，所以我目前选取的是上证指数、深证成指、中小板指和创业板指四个指数。只有四种指数的相互确认，也就是呈现出相同或相近的波动时，趋势才能被确认。

道氏理论也提到用成交量判断趋势的变化。它指出成交量的变化通常是跟随股价的变化而变化。因此，成交量也可以对主要趋势做辅助判断。在多头市场，成交量随着股价的上升而增加，随着股价的下跌而减少；在空头市场，成交量大多随着股价的下跌而增加，随着股价的上涨而减少。但这只是大致情况，有时也有例外。因此正确的结论，不能仅仅依据几天成交量的变化。在道氏理论中，最终的结论只能由指数的变动产生，成交量仅仅是在有疑问的情况下，提供解释参考。

那么，股市波动的原因是什么？什么是主要的驱动力量？这个问题吸引了无数人去研究，也得出了无数的结论。股市的波动与上市公司的内在价值、与宏观经济周期、与市场的货币供应量存在什么关系呢？我也曾经很努力地去研究、思考这些问题，似乎只有想通了这些问题，才能正确地分析市场，从而战胜市场。但是，反复的思考只能带来更多的迷茫。是不是我们需要像天气预报一样，使用超大型的计算机，建立许多模型，对许多数据进行大量运算，就可以达到目前天气预报的水平，比较准确地预测股市的运动？这个想法我不知道对不对，但我肯定这不是我能做到的。

直到有一天，我看到陈东先生对道氏理论的解说，明确地指出股市牛熊转换的原因是人性的贪婪与恐惧，我才豁然开朗，不再去分析涨跌的原因。我相信只要人性不改变，涨跌就会不断地交替；只要涨跌不停交替，我们就有低买高卖的盈利机会。于是我就回归到道氏理论的基本假设——“市场行为包含一切信息”，除了观察 K 线图，不再看其他信息了。

按照道氏理论，股市的涨跌有短期、中期和长期三种周期，那么我们应该选择哪一种周期作为我们买卖的依据呢？如果选择按照短期趋势进行操作，亦即俗话所说的“炒短线”，因为短期趋势有很大的被操纵的可能，所以我们要时刻判断看到的K线图是真是假。但是操纵者在暗我在明，操纵者力量大我力量小，我赢的机会不可能大。而且，短期趋势变换的频率也很快，几小时甚至几分钟就要做出买卖决定，我没有时间也没有精力这样操作，所以我没有选择“炒短线”。

中期趋势就不同了，一是被操纵的可能性不大，二是可以用周线作为分析依据，可以比较充分地考虑后再作出买卖决定，适合自己的性格。加上我用历史数据进行分析，证实按中期趋势操作的收益率也可以达到比较好的水平，所以我决定用中期趋势作为我操作的依据。

至于长期趋势，一是操作周期太长，如果以整个牛市作为一个买卖周期，中间出现中期趋势水平的回调时也不减仓，由此造成的浮亏可能已经超出我的承受能力。同时，如果我在这次中期趋势时进行操作，回调开始时出来，结束时再进去，也可以提高我的整体盈利水平。同理，如果整个熊市阶段都不操作，也失去在熊市期间反弹的操作机会，减少了我的投资收益。而且，如果一定要以长期趋势作为买卖依据，很有可能将牛市开始误操作为“反弹”而不参加，将熊市开始误操作为“回调”而不离场，这样造成的损失将会更大。

所以，我最终选择以中期趋势作为我的买卖依据，而且，因为我的买卖依据是大盘趋势，那么我就干脆用购买ETF基金代替购买个股，不用再考虑选择个股的困难，真正是在购买“趋势”了。那么，如何能够基本准确地判断出中期趋势变化的“转折点”就成为关键，这就是下一章要深入讨论的问题。

第十章　转折信号

在讨论“转折信号”前，我们先明确几个问题：

1. 中期趋势的定义

在上一章中，我们已经确定以中期趋势作为操作的依据，我给中期趋势的定义是按同一个方向运动超过大约6个星期以上的股市运动周期。这大约6个星期并不是科学推算出来的，只是实际操作的需要。因为判断一个中期趋势的转变是否已经开始，至少需要1~2周；判断它是否结束，也需要1~2周。这样，如果一个中期趋势延续时间少于6周，在我们决定买卖之后的时间就很少了。即我们在这个中期趋势的周期的持股（或者是下跌周期时的离场）时间就不够，那么就没有太大的操作意义。不如视同原来的趋势没有改变，只是出现了一个大的短期波动，我们就不需要进行操作，仍然维持原来的仓位就可以了。在这里千万不要争论为什么是大约6周，为什么不是5周，为什么7周不可以？因为这只是为了适应自己操作习惯定出来的，方便指导具体操作而已。

但一个中期趋势延续很长时间，甚至一年、两年都不改变，一直不出现超过大约6个星期的反向运动，直接演变为一个长期趋势，这种情况反而是没有问题的。如果这个超长的中期趋势是向上的，我们就一直持股不变；如果这个超长的中期趋势是向下的，我们就一直持币不入市。不必要硬去凑出一些波段出来。

2. 中期趋势的依据

我把周线作为分析判断中期趋势的依据。我也曾尝试在转折期间用日线分析，看是否更准确一些，但没有确定的结果，所以目前还是使用周线进行判断。这个同样是经验之谈，并没有理论依据。

3. 中期趋势的反转能量——转折信号

我认为操作方法只要是有根据的，越简单反而越可靠。所以我就只是根据我看到的K线形态作出买卖决定，不再考虑其他复杂的各种指标，也不再分析各种渠道得来的“信息”了。

那么，一个中期趋势转变时的“转折信号”是如何产生的呢？这是因为每一次的中期趋势能量都不小，所以要改变一个中期趋势也需要较大的反转能量。这个反转能量在K线上的表现方式，就是发生一个较大幅度的反向冲击，然后也不再创新低（或新高），这样也就形成反转（即K线图的长阴和长阳）。有时候，几个连续的中阴（或中阳）也可以合并起来视作一个长阴（或长阳）。

我的方法以反向的周线长阴或长阳作为唯一的“转折信号”，这样的信号是明显的，如果加上几个指数的相互确认，并考虑当前处于长期趋势中的哪一个阶段，更加可以增加判断的准确性。至于这个长阳（或长阴）需要多长？5%算吗？还是要7%才算？或者3%也可以算？这个就不能硬性规定了。但从长线角度讲，10%的长阴（或长阳），比5%的长阴（或长阳），其“转折信号”更可靠。

4. 无效信号误操作

没有“转折信号”，趋势是不会反转的，有转折信号但是不产生反转也是有的，这就是所谓的“无效信号”。如果我们根据这个“无效信号”进行了操作，就是“误操作”。

如果出现“转折信号”后的3～5周内，指数仍然按照原来趋势运行，再创新高（或新低），那么这个“转折信号”就无效了。如果“转折信号”出现后6～8周都没有被否定，那么这个信号就是有效的，我们应该注意的是下一个“转折信号”了。

如果在一个向下的中期趋势中，出现“无效信号”并且我们买入了，然后发现是“误操作”，即又出现了新低，那么我们这次操作就出现亏损了。只是我们刚才讨论过，我们发现出错的时间不会超过3～5周，而且我们在上一章已经说过，我们是购买ETF而不是购买个股，那么我们马上卖出，亏损的幅度是有限的。但是如果你不肯卖出，不肯承认错误和改正错误，那么你亏损的幅度就不可控制了。

如果是在一个向上的中期趋势中，出现“无效信号”并且我们卖出了，然后发现是“误操作”，即又出现了新高，那么我们这次操作就比不操作赚少了。像我们刚才讨论过的一样，我们发现出错的时间不会超过3～5周，而且我们是购买ETF而不是购买个股，那么我们少赚的钱还是不会很多的。这时，我们应该重新买回去，重新跟上原来的操作节奏。但如果你不肯重新买回去，不肯承认错误和改正错误，那么你就有可能少赚很多钱了。就像当年著名投资人赵丹阳，2007年在上证指数3500点时离场，结果指数一直升到6000多点，错失了一次大的盈利机会。

同样，如果我们对一个有效的“转折信号”有怀疑而没有操作，那么，这也是另一种情形的“误操作”。这种情形的处理方法，也是一旦确认是“误操作”，就要改正错误，重新回到正确的操作方法里来。

最糟糕的情况是，你刚改正一次“误操作”，市场又来一个“无效信号”，你信了而且操作了，结果又是“误操作”，没办法，只得再改正。可是，马上又再出现一个疑似的“转折信号”，怎么办呢？

我想说，如果你相信中期趋势不太可能被人为操纵，即市场不会故意玩你，那么你也应该相信这种情况出现的机会是很少的。何况事实上，这种情况在上升趋势中出现的机会不大，倒是在一个熊市的末期，也就是一个大的上升行情启动前，才可能出现。在你觉得被市场玩弄了的时候，说不定市场很快就会给你一个大惊喜。

那么，如果我们发现并且相信了“转折信号”，我们该如何操作呢？是马上进行买卖，还是等到确认“转折信号”有效才进行买卖？是分几次建仓（或减仓）还是一次满仓（清仓）？我认为这些可以根据各人的不同习惯来确定，只要我们大的决策确定了，具体的不同操作方式得到的收益水平会有一些小的差异，但不会有根本的差别。当然，我们购买 ETF 时，也可以将资金分配到几个 ETF 产品上，我自己购买的 ETF 产品，就有 300ETF、中小板 ETF、创业板 ETF 等。

第十一章　利用历史数据做练习

在本书第八、九、十章中，我介绍了自己对道氏理论的理解和对转折信号的研究结果。在这个学习和研究过程中，我运用中国股市的历史数据，进行了大量的练习和分析。如果读者对本书的方法感兴趣，那么投入足够的时间进行这些练习是非常必要的。

目前由于电脑技术的发展，获得股市历史数据已经变得很容易。这样反而容易产生两个方面的问题：一是数据来得太容易，所以不感觉数据的宝贵，不容易静下心来反复观察、研究基本的数据；二是数据太多，数据分析工具也太多，容易被误导去发现、发明一些复杂的分析方法，而忽视了基本数据。

而我在学习和研究中，只是使用了几个主要指数的周 K 线图形，但注重尽量从长的周期来进行学习和研究。因为中国股市毕竟才 20 多年，所以基本是使用指数设立之后的全部数据。对于这些宝贵的数据，我是反反复复地进行了深入的研究和大量的练习。

我对这些历史数据的学习、研究和练习，主要有以下几个方面：

1．验证道氏理论的两个假设

道氏理论有两个基本假设："市场行为包含一切信息""长期趋势不会被人为操纵"。我们在看股市的历史数据时，如何能够验证这两个假设呢？我自己的理解是，道氏理论所指的“一切信息”，不仅是指正确的信息、真实的信息，还包含了错误的信息、虚假的信息、猜测的信息。因为市场参与者是根据自己相信的“信息”做出买卖决定的，只要他实际买卖了，就说明这些“信息”起作用了。所以我们回过头来看，会觉得2005—2007年的那一段涨得太疯狂了，无论从当时的上市公司市盈率、以后的经济增长的支撑等，都不应该涨得那么高。但是它确实就涨得那么高了。市场从2005年7月的1000点上涨到2007年11月的6000点这个“市场行为”，就包含了当时的参与者所知道的“一切信息（包括他们相信了的错误信息）”。

从另一个角度理解，“市场行为包含一切信息”，就是我们在研究、分析这些历史数据时，只需要观察它们的表现就可以，不需要再分析当时的新闻、经济数据和企业的盈利等，因为以后即使再出现相同的背景资料，股市也不会有相同的表现。所以，我们只需要观察“市场表现”，不需要另外分析其他“市场信息”。

退一步说，如果你不相信这个假设，那么你在研究历史数据时，就可能会找更多当时的信息，判断你所看到的市场行为是真是假。同样，当你以后考虑是否进行买卖时，也肯定会寻找更多的“信息”，再结合你看到的市场行为，才做出买卖的决定。这样的想法似乎很科学，但实际上会导致更多的不确定性，导致你更加犹疑不定，并不一定能够提高决定的正确性。

至于“长期趋势不会被人为操纵”这一个假设，我在第八章已经分析过，这里就不再重复了。

是否接受道氏理论的这两个假设，是你回顾股市的历史数据时，需要想通、想透的第一个问题。

2. 验证道氏理论关于股市运动长期趋势的分析

参考本书第一章我国股市1997年以来的上证指数的走势图，可以明显看出股市的长期趋势。至于其中一些阶段，例如2009年那一段，是看作一个长期趋势还是一个更长的长期趋势中的一个中期趋势，从操作层面来看，是不必过多争论的，这些观点在第九章也已经有说明了。

3. 分析股市历史数据时，着重分析具有操作意义的中期趋势

这个部分的练习是最重要的，是本书操作方法的核心基础。划分中期趋势比划分长期趋势有更多不同的分歧意见，各个中期趋势也有完全不同的表现形态。我采用是否有操作意义作为划分中期趋势的主要判断依据。所谓操作意义，主要考虑时间和幅度两个方面。在时间方面，我在本书第二章提出至少持续6周以上才作为中期趋势，读者可以参考有关论述。至于幅度方面，如果一个中期趋势虽然持续时间较长，但涨跌幅度不大，从操作层面，我宁愿将这个阶段看成一个“窄幅横盘”，这样可以采用观察、等待的操作策略，直到看到明确的上升或下降的“转折信号”后再做出操作决定。

4. 研究每次中期趋势的转变，是否都具有明确的“转折信号”

这是我的方法是否有效的关键问题，也是以后能否使用我的方法在股市持续盈利的根本问题。在这个方面无论投入多少时间和精力都是值得的。本书第三章详细介绍了我对“转折信号”的研究结果和后期的一些实际操作结果。读者也必须和我一样，利用历史数据反复地练习，研究如何发现、判断、确定“转折信号”。尽管读者得出的结论或结果不一定完全与我相同，有可能更积极地操作，也有可能更保守地操作，但大致方向应该是相同的，业绩也应该是比较接近的。这样才符合科学研究的所谓“可重复”的原则，才能说明我的方法具有科学性。

5. 研究股市历史数据中的“无效信号”和“误操作”的处理方法

在我们确信“转折信号”明显存在以后，“误操作”就成为今后实际操作中的唯一不确定因素。通过对历史数据的研究、分析、练习，一方面，我们必须承认“误操作”不可避免；另一方面，我们要通过练习总结经验，减少“误操作”的出现及其带来的损失。

6. 计算实证研究的理论收益水平

这个方面在本书第四章已经有详细说明。

第四篇

投资大师的股市理论

我相信庞大的股市中，并非只有某种投资理论或投资方法是唯一有效的，股市完全可以容纳多种有效的理论和方法。所以，我们学习不同的理论时，注意力不应该放在分辨哪个理论对哪个理论错，而应该注重理解各个理论的背景、依据（或假设）、特点和重点等，从中寻找适合自己的理论，并且深入学习，这样最后才能形成对自己最有用的交易方法。

在这一篇里，我将介绍除道氏理论以外的其他主要股市投资理论。这些投资理论分别从不同角度，对股市进行了深入而科学的研究。其中像格雷厄姆、巴菲特、约翰·迈吉等，用自己的业绩证明了其理论的正确。其他一些如江恩、艾略特等，虽然没有确切的数据记录他们的实际股票投资业绩，但是历经几十年，他们的理论已广泛被股票投资的专业人士所接受，而且不少人将自己取得的投资成绩，归结为学习了这些理论的结果。因此，如果你希望掌握股市投资的理论和方法，使自己的股市投资能够持续获利，认真学习和研究这些基本理论是十分必要的。

我相信庞大的股市中，并非只有某种投资理论或投资方法是唯一有效的，股市完全可以容纳多种有效的理论和方法。所以，我们学习不同的理论时，注意力不应该放在分辨哪个理论对哪个理论错，而应该注重理解各个理论的背景、依据（或假设）、特点和重点等，从中寻找适合自己的理论，并且深入学习，掌握它，这样最后才能形成对自己最有用的交易方法。

当我们选择了某种适合自己的理论以后，我认为必须直接学习原著，深入了解它的理论体系和投资方法，直到可以真正指导自己进行操作，取得稳定、理想的投资业绩。因此，在下面的介绍里，我不打算去泛泛讨论各种理论和技术，而是主要将这些大师的交易特点，或一些不太为人们注意的方面，介绍给读者。希望能帮助读者更好地理解这些理论的背景，或者至少引起读者进一步学习、研究的兴趣。

第十二章　本杰明·格雷厄姆

格雷厄姆的著作我不敢说读懂了，但多次拜读给了我很大的震撼！我想在他的那个年代，美国股市也同样不成熟，当时的美国投资者同样也很不理性。但格雷厄姆先生坚持用严谨的治学精神研究股市，用科学的方法投资股市，在1936年至1956年，他的格雷厄姆·纽曼公司的年收益率不低于14.7%，高于同期股票市场12.2%的整体收益率。在实践的基础上，他写下了《证券分析》和《聪明的投资者》等至今无人超越的理论巨著。他在股市投资中取得优秀成绩后，又重回大学教书，甚至还带出了巴菲特等一批出色的学生，运用他的理论和方法，成为世界顶级投资大师！

格雷厄姆是一个很认真的人，他23岁就开始为《华尔街杂志》写股市评论（收录在《格雷厄姆谈投资》① 一书中）。不排除当时他是为了赚取稿费去写这些评论的，但每一篇评论你读起来都像学术论文一样严谨。其文章事实清晰，论述严密，结论明确。我不能分辨他每一篇评论的结论是否都是对的，但我相信每一篇他都是以诚实的态度说出他的意见。

---

① 该书由中信出版社2010年引进出版。

格雷厄姆也是一个成功的人，所谓成功我想不只是他赚了大钱，获得财务自由，而且应该是能按照他的信念，做成了很多他希望做成功的事：包括年轻时出版的股市评论就很受欢迎，构思庞大的巨著成为业界“圣经”，带出一批出色的学生，其中巴菲特更是2008年的世界首富。所以，他的成功应该是不容置疑的。

格雷厄姆同时是一个受人尊敬的人。他的学生巴菲特即使成为世界首富，也仍然对他的老师格雷厄姆十分尊敬。巴菲特亲自写的文章不多，但在1984年纪念《证券分析》出版50周年时，他就专门写了很长的文章，并在哥伦比亚大学举行的纪念座谈会上发言，用生动的例子和客观的事实，证明自己老师理论的正确，并将自己的成功都毫无保留地归功于自己的老师，他甚至动情地说：“他对我一生的影响，仅次于我的父亲”。

格雷厄姆还是一个幸福的人，当他即将80岁时，他说他希望每天都做一些“傻事、有创造性的事和慷慨的事”。一个到80岁还能做“傻事”的人，一个在80岁还可以“创造”的人，一个有能力“慷慨”的人，当然是一个幸福的人。我相信世界上有“伟大”的人，格雷厄姆就是这些伟大人物之一。

格雷厄姆的理论博大精深，我不能简单地将他的理论概括为几条操作规则。我想说的只有一点，就是他从来没有说过对股票要“长期持有”。相反，他很明确地说：“实际上，市场波动对投资者之所以重要，是因为市场出现低价时，投资者会理智地做出购买决策；市场出现高价时，投资者必然会停止购买，而且还有可能做出抛售的决策。”

巴菲特对《聪明的投资者》写的序言中的一段话，可以比较好地概括格雷厄姆的投资理论：“要想在一生中获得投资的成功，并不需要顶级的智商、超凡的商业头脑或秘密的信息，而是需要一个稳妥的知识体系作为决策的基础，并且有能力控制自己的情绪，使其不会对这种体系造成侵蚀。本书能够准确和清晰地提供这种知识体系，但对情绪的约束是你自己必须做到的。”

格雷厄姆说：“投资艺术具有一种并不广为人知的性质，普通投资者只需付出很少的努力和具备很小的能力，就可以取得一种可靠（即使并不壮观）的成果；但是，要想提高这一可以轻易获得的成果，却需要付出大量的努力和非同小可的智慧。”

他还说：“获得令人满意的投资结果，比大多数人想象的要简单；获得非常好的结果，比人们所想象的要难。”

我有自知之明，只是一个“普通投资者”，所以我选择使用简单的投资方法，只要能获得“令人满意”的投资结果就满足了。我只希望有更多的人可以使用简单的方法，获得满意的结果，这样至少可以减少很多在市场上亏损的“不理性”投资者。

但是，格雷厄姆先生的科学态度以及他的理论的精神实质，我是毫无保留地信服和敬仰的！

格雷厄姆先生与本书有关的一些主要论述摘录如下，并附上我的理解：

在《证券分析》中格雷姆说：“应该把注意力集中到那些价值被低估的证券上来——那些通过仔细分析而发现它们的市场价格低于内在价值的债券或股票。”我认为长期来说，价格围绕价值波动是对的。但是波动的原因是人性的贪婪与恐惧。所以，我们可以计算出价格与价值已经偏离，但还会偏离多少却没有办法计算。所以采用计算价格与价值偏离的方法，我们可以选择买什么股票，但解决不了应该什么时候买入和卖出。

在《聪明的投资者》中格雷厄姆说："未来的证券价格是根本无法预测的。"我非常同意格雷厄姆这个观点，但是当前和之前的证券价格是清楚明确的，我们可以很清楚地看到之前到当前的股市价格运动趋势，清楚地看到是处于上升的趋势，还是处于下降的趋势（或者还有横盘的时候）。我们确信的是：上升之后会下降，下降之后会上升，即使是横盘，终于也要变成上升或者下降。我们要发现的是趋势之间的"转折点"，而千万不要去分析、预测未来的走势，因为这些分析、预测其实只是你的想象。

我认为，反转必然会出现"转折信号"，是有科学根据的。但是，如何避免"无效信号"造成的"误操作"，就是艺术了。

格雷厄姆《聪明的投资者》的第一章提到："聪明投资者的预期收益"。他认为，防御型投资者的税前预期收益大约为7.5%，税后约5.3%，进取型投资者则应该比平均水平（我理解应该指整体股票市场的平均收益水平）高5%以上。从格雷厄姆先生给出的这些收益预期水平，我给自己的目标是达到他所要求的水平。

下面是学习格雷厄姆理论的几本主要参考书籍（中文版）：

（1）《证券分析》，海南出版社2006年版。

（2）《聪明的投资者》，人民邮电出版社2010年版。

（3）《格雷厄姆谈投资》，中信出版社2010年版。

（4）《格雷厄姆：华尔街教父回忆录》，上海远东出版社2011年版。

第十三章　沃伦·巴菲特

巴菲特非常渴望赚钱，也很会赚钱。据说他 6 岁开始卖口香糖、可乐，10 岁到橄榄球赛场卖爆米花，到 12 岁时，他已经有 120 美元了。他继续想尽各种方法赚钱，包括投递了 50 万份报纸，于是他到 17 岁时一共赚到了 5000 美元（相当于 2007 年时的 53000 美元）。

到他 21 岁准备结婚时，他的资产升到 19738 美元，当时一份报酬丰厚的投资研究员工作，待遇大约是一年 7000 美元，换句话说他拥有差不多 3 年年薪的资产。但是真正为他巨额财富打下基础的，是在他老师格雷厄姆的公司工作期间。他 1954 年 8 月到他老师的公司工作，业绩非常出色，1956 年春天他的老师退休，提名他为公司的合伙人，但他谢绝了，并回到自己的家乡奥马哈创立自己的事业。离开时，他的资产已经是 174000 美元！

他说："我大约有 174000 美元，准备退休了。我在奥马哈安德伍德大街 5202 号租了一间房子，每个月付 175 美元，我们每年的生活费是 12000 美元，而我的资产还在增长。"当时他才 26 岁。

当然，巴菲特并没有止步，他还要不断赚钱，他说："钱可以使我独立。然后，我就可以用我的一生去做我想做的事情。而我最想做的事情就是为自己工作，我不想别人主导我。"

巴菲特不但是一个赚钱高手，还是一个营销高手。很多人注意到巴菲特用 1 元的本钱投资，35 年后可以变为 1952 元，因此佩服他的赚钱能力。但规模的增加，才是他成为世界首富的秘诀。1956 年他成立的第一个合伙公司资本是 105100 美元，如果合伙公司每年赚 20%，就是每年大约赚 20000 美元。到 2007 年他管理的伯克希尔·哈撒韦公司市值超过 2000 亿美元，如果他每年也是赚 20%，公司就可以赚 400 亿美元！如果他从中提取 20% 管理费，就可以提取 80 亿美元。虽然巴菲特从来没有说他是如何营销的，也几乎没有人去研究他的营销方法，但能够利用他的盈利能力迅速扩大他的生意规模，不是很明显地证明他确实是一个营销高手吗？

巴菲特一贯的作风就是这样，只做不说。他从来没有发表过关于投资的理论，也没有亲自介绍过他的方法。他说了很多赚钱的案例，但最终只能自己去理解，至于他如何能够在几十年的投资中不亏钱（至少是很少亏钱），他更是守口如瓶，从不透露。

巴菲特也并非只能在成熟的资本市场才能够赚到钱，相反他好像更喜欢不成熟的市场，他说："能否获得优异的投资成果，这既取决于你在投资方面付出的努力和拥有的知识，也取决于在你的投资生涯中，股市的愚蠢程度有多大。股市的行为越愚蠢，有条不紊的投资者面对的机会就越大。"所以我们不必埋怨中国的股票市场如何不成熟、如何不理性，而是要看看自己付出的努力够不够，自己拥有的知识够不够，这才是能否在股市盈利的关键。

但是，巴菲特的商业道德是无可非议的，简单来说，就是他的商业模式一定是他的追随者（合伙人、股东、投资人）先赚钱，然后他才赚钱。即是他负责管理追随者的资金，投资盈利了，他在当中收取一定比例的管理费，亏损了，他不用赔钱给追随者，但他会白做，而且他所有的资产也放在公司，他的钱也一样会亏损。所以，他的利益和他的追随者的利益是完全一致的。这就是大家愿意信任他，将钱交给他管理的原因。

巴菲特也很诚实，他可以不说，但力求自己不说假话。包括他在48岁时与太太分居后，和另外一个女人生活在一起，他也没有向他的太太、子女隐瞒，他只是说："如果你对我们三个都很了解，你就会看到这对我们都很好。"他认为既然是事实，就不应该遮遮掩掩。我觉得，诚实使巴菲特更加坚持他的信念，尽管他如何决定投资的内幕不会有人知道，但是他也一样会严守他的原则。想学习巴菲特投资技巧的人很多，但是又有多少人愿意学习他的诚实态度呢？

能够成为世界首富的巴菲特只有一个，但是像他一样勤奋、诚实，加上一点聪明，在股市投资中获得满意的收益，应该是很多人可以做到的。

巴菲特的传记有两本，一本是罗杰·洛温斯坦所著的《巴菲特传》（1995年首次出版）。对这本书，巴菲特的态度是他不会给予任何协助，当然也不会横加阻拦。他对作者说，他不鼓励也不反对作者通过各种渠道来获得关于他的素材。所以，这是作者以比较独立的态度撰写的一本有关巴菲特的传记。另一本是爱丽斯·施罗德所著的《滚雪球》（2008年首次出版）。施罗德获得了巴菲特的授权，与巴菲特交谈超过2000个小时，采访了250位巴菲特的朋友、家人和同事，并查阅了巴菲特从未披露的无数私人信件和档案。可见，《滚雪球》这一本巴菲特传记应该更加丰富、深入和全面。

第十四章　威廉·D. 江恩

威廉·D. 江恩于1878年6月6日出生于美国德克萨斯州的路芙根市（Lufkin Texas），父母是爱尔兰裔移民。他在1902年开始涉足华尔街，在2010年出版了第一本小册子《投机：一个有利可图的职业》，之后陆续出版了大量有关股市的著作（见本文末尾所附的书单）。在1930年前后，他成立W. D. 江恩科学服务公司，提供各项股市和商品市场的服务。

关于江恩的投资经历和他的理论，很多资料给予了夸张甚至神化的描写。但江恩在书中介绍自己是很实在的，他在1930年撰写的《江恩选股方略》中说："我既不是一名经纪人，也不是一个推销商，我从来没有同任何人进行过买卖股票或债券方面的交易。在过去的20多年里，我始终只关注市场。每天都会不带任何偏见地去研究市场。面对市场，我既不会有期望，也不会有恐惧。当我向人们提供买卖建议时也不带有自私的动机。只有通过让我的客户赚到钱才能保持我服务的忠诚。"

他还在答复客户的询问时说："至于我是否会利用自己的账户进行投机交易，我想说在我远离市场时，我的判断往往是正确的，因为那时我不会受到期望和恐惧的影响，我能够不带偏见地看到事物的两面。”

他还进一步强调了自己的独立性，他说：“你无论是使用自己的账户进行投机交易，还是为他人提供操作建议，取得成功都需要专注和不懈的努力。没有人可以同时成功地完成两件事。”“作为一名专业顾问，我没有权利在我的客户付给我与一个百万富翁的收入相当的报酬的同时，去进行投资交易。我的时间属于我的客户，我不应该把时间花在为了个人私利所进行的投机交易上。特别是这些投机活动会干扰我的判断，从而导致客户出现损失。”

江恩在1930年时自豪地说：“我预测股票和期货市场的方法已经经受了时间的检验。我在纽约市生活了22年，始终以我自己的本名开展业务。”他主要“为忙碌的人服务：身处各行各业的银行家、商人、制造商、律师、医生、实业家没有时间研究和预测市场，因此，我们可以为没有时间自己做这些事情的人们提供专门的分析服务。我们提供的为忙人服务实际上是一种为个人服务。我们负责管理账户，持续关注人们的股票并建议买进和卖出股票的时机；必要时我们会写信，发电报，但由客户自己负责买卖交易。我们不会为任何人买卖股票，在任何情况下都不会随意处理账户。我们出售的只有服务。”

当时，江恩的公司提供的服务多种多样，也设计得很详细，充分反映了他的专业精神和服务意识。下面列出部分给大家参考：

年度股票预测，每年100美元。

年度谷物预测，每年100美元。

年度棉花预测，每年100美元。

年度咖啡、食糖和可可预测，每年100美元。

每月1号对各类预测提供补充信息

三周股票信息，每年 150 美元。

6 个月，75 美元；3 个月，40 美元；一个月，15 美元。

三周商品信息，每年 150 美元。

6 个月，75 美元；3 个月，40 美元；一个月，15 美元。

三周股票与商品信息合订，每月 25 美元。

每周股票信息，每年 60 美元；6 个月 33 美元；一个月 6 美元。

每周商品信息，每年 60 美元；6 个月 33 美元；一个月 6 美元。

每周股票与商品信息合订，每月 10 美元。

每日电报服务，包括三周信息，每月 30 美元。

所有信息都用密码提供，密码免费。

向年度预测或市场信息的订阅者集中发送重要变化的电报，每月外加 7.5 美元。

所有订阅者都应预付费用。

另外，江恩的公司还出售股票、棉花、谷物期权和其他商品的走势图。

江恩的事业高峰期，他共聘用 25 人，为他制作各种分析图表及进行各类市场走势研究，并成立两间走势研究公司：江恩科学服务公司及江恩研究公司，出版多种投资通讯。在他每年出版的全年走势预测中，他清楚地绘制在什么时间见什么价位的预测走势图，准确性甚高。到了 1932 年，人们愿意支付 1500 美元购买他主编的自修课程教材，或花费 5000 美元参加价格与时间的特别讲习会，那时的 5000 美元约相当于现在 34 万元人民币！

江恩撰写的著作很多，给出了许多具体的操作意见与体会，如果没有实际的操作经验只是理论研究，应该不能说得那么详细，因此估计他早期应该是实际操作过股票的。他在1949年出版的《江恩华尔街45年》一书中说：“距离我撰写上一本书《新股票趋势探测器》至今，已经过去了14个年头，在这段时间里，我通过市场操作又获得了更多知识。”这样有可能他在1935年后，通过顾问服务赚到钱之后，就又自己操作股票了。

江恩于1955年6月去世，享年77岁。

江恩先生与本书有关的一些主要论述摘录如下，并附上我的理解：

在江恩先生出版的第一部关于股市的著作《江恩股市定律》的前言中，江恩先生说：“即使仅仅能够让几个人停止疯狂的博彩式投资转而走上保守投机交易和投资活动之路，我的工作就算没有白费。为此做出的种种努力也算是得到了极大的回报。”能够抱着这样的心态来研究股市，并将自己的研究成果与大家分享，这就是江恩先生的著作可以流传百年的原因。

江恩先生非常强调要设定止损点，他在《江恩股市定律》中说：“应当永远都把自己每笔交易的损失限制在3个点左右，千万不能超过5个点。”我依据自己的理论思辨和实盘操作经验，非常认同江恩的这个原则，实际上基本是按此执行。

在《江恩股市定律》中，江恩先生对下跌时的转折点有精彩的描述：在股市持续大涨后，“第二天早上再起来时却发现股票一开盘就下跌了1～5个点，这种下跌可能并不是有消息传出，或其他什么原因，真正的原因是股市已经达到了供过于求的阶段。大家都已经拼尽全力地买进，再也不会一开盘就有很多买单来支撑股价了，所以股价一开盘就跌了。这是阶段结束的第一个信号。要小心了！从根本上讲，从这第一道闪电背后，你应该知道这预示着暴风雨正在蓄势待发，至少应该保护自己了”。

在《江恩股市定律》一书中，江恩先生也描述了股票启动的表现：“很多人看到一只股票开始上扬，就要等股价回落再开始买进。股价并没有回落，他们也就没能买上这只股票。回落、逆势运动和反向行情都是在吸筹期才发生的。在此后，股票就会上扬，结束吸筹，并不会回落很多。这是为什么呢？因为知情人已经买到了想要买的数量，他们下一步的目标就是股价抬高到他们可以卖出的派发线。一旦行情开始，他们是不会回过来让别人赶上这轮行情的。”

在《江恩股票投资圣经》中，江恩还描述了发生“误操作”的情形：“不论进场太早，还是离场太晚，都会让你亏钱，或是错失一些机会。这就是说，你没等到明确的变盘信号出现，就先行操作了。另一种情况是，当你看到明确的变盘信号之后，却没有及时做出相应的操作。这些都会招致亏损。你一定要等到很明显的变盘信号出现以后，再去进行买入或卖出。”

江恩在《江恩股市定律》中还说：“我认识一个进行科学预测并大获成功的交易者。他一年当中只不过交易五六次。”“如果股市与其设想吻合，他可能会跟踪一段时间使股票连续上涨几个月。一旦看出这一轮行情即将结束的苗头，他就把所有交易交割完毕，兑现所有利润，然后像大雁一样一路南下到阳光明媚的南方去。他有时整个冬天都待在佛罗里达打猎、钓鱼；然后再到阿肯色州的温泉城泡泡温泉；等他回到华尔街时，健康状况非常好，又能够全身心地投入到一轮又一轮的牛市、熊市行情当中了。”

他“密切关注那些自认为是绝对可靠的信号，这些信号一旦出现，他就采取行动”；“他总是非常冷静和镇定，耐心地等待开始或结束交易的时机”；“还有一件事是他从来都不做的，那就是预先期望利润的大小和卖出的特定时间”。

江恩先生描述的这个人活脱脱就是我的榜样！我不期待做巴菲特，能做这么一个逍遥自在地以股市为生的人，我就满足了。

江恩撰写的著作主要有：

（1）《江恩股市定律》，1923 年首次出版，中文版：清华大学出版社 2011 年版。

（2）《江恩选股方略》，1930 年首次出版，中文版：清华大学出版社 2011 年版。

（3）《江恩测市法则》，1936 年首次出版，中文版：清华大学出版社 2011 年版。

（4）《江恩华尔街 45 年》，1949 年首次出版，中文版：立信会计出版社 2016 年版。

（5）《江恩股票投资圣经》，1955 年首次出版，中文版：中国发展出版社 2015 年版。

（6）《江恩投资哲学》，1927 年首次出版，中文版：天津社会科学院出版社 2012 年版。

第十五章　艾略特和波浪理论

拉尔夫·纳尔逊·艾略特（Ralph Nelson Elliott），是波浪理论的创始人，1871 年 7 月 28 日出生在美国密苏里州堪萨斯市的玛丽斯维利镇。他的童年生活很动荡，多次举家搬迁，在他十多岁时搬到了圣安东尼奥一个离墨西哥约 150 英里的地方居住。

1891 年，也就是艾略特 20 岁的时候，他来到墨西哥的铁路公司工作，从底层做起，做过巡道员、调度员、火车站管理人等工作。大约在 1896 年，艾略特开始了他的会计职业生涯。1902 年，他与比他大两三岁的玛丽·伊丽莎白结婚。之后直到他 60 岁前，他都没有从事任何与股票有关的工作。

在婚后的 25 年里，艾略特在许多公司（主要是铁路公司）任职，这些公司遍布墨西哥、中美洲和南美洲。虽然不知道他在哪里学习了会计课程，但是他的工作记录显示他有高超的财务和业务水平。他对一个公司的价值主要是在业务重组领域。当时他的工作很像一个独立的企业顾问，他的方式是每次只与一家公司签约，一直等到公司重组结束。他挽救了许多长期亏损的公司，或者增加了它们的盈利能力，赢得了作为一名企业重组专家的牢固声誉。

1916 年，由于墨西哥战乱，他回到了洛杉矶。回到美国后，他的工作并不稳定，有时为了生活不得不做一些非他所长的工作，而且仍然四处奔波，直到1920年搬到纽约居住。

在他50岁时，他再次决定专注一个行业，这次他当起了餐馆、自助餐厅和茶室的业务顾问。他很快就在这些当时新流行的行业显示出活力，1924年9月，他加入商业月刊《茶室与礼品店》的编辑队伍，并很受重视。该月刊为他开辟了艾特略先生专栏，每期都在封面发布，而且附有他的照片。他又迎来了他的事业高峰。

1924年12月，由他的老朋友，当时很有影响力的杰肯斯博士推荐，他被美国国务院选中，为当时被美国占领的尼加拉瓜担任总会计师，任务是重组整个国家的财政。他在12月18日与当时的美国国务卿休斯会面，接受正式任命和指示。1925年1月，他由夫人陪同到尼加拉瓜赴任。原定他要在尼加拉瓜工作两年，但当年6月美国国务院就召回了所有派出人员，于是他又回到了美国。

回国后一个月，他申请了中美洲国际铁路公司的一份高薪职位，担任总审计师，并被派往危地马拉工作。1926年10月，他结束这份工作回到纽约。

在危地马拉工作期间，他完成了一本综合著作《茶室与自助餐厅的管理》，并于1926年8月出版。他投入大量精力推广这本著作，并期望重启他的餐馆、自助餐厅和茶室的业务顾问工作。但是，他的身体情况持续恶化，到1929年发展到恶性贫血的虚弱无力状态，长期发烧、痢疾和体重减轻，使他卧床不起。在随后的五年中，有几次他几乎与死神相拥，但他还是顽强地挺了过来。由于他不能工作，还要负担治疗疾病、抚养妻子的开销，更严重的是1929—1932年的熊市重击，使他几项看起来很安全的投资损失惨重。他的积蓄（几年前还显得那么绰绰有余）几乎消耗殆尽，他的财务状况处于不安全的最低点。

1932 年，他在病床上阅读了刚出版的罗伯特·雷亚撰写的《道氏理论》后，开始将他所有的注意力转向研究股票市场的行为。他研究了覆盖 75 年的股票市场的年、月、周、日、小时走势图。1934 年 5 月他认为自己的研究有了初步结果，同年 11 月他给长期订阅的《市场服务通讯》的出版公司底特律投资者顾问公司总裁柯林斯寄出一封信，介绍了他的波浪理论技法，他毫不掩饰他的经济窘态，要求柯林斯资助他去底特律，详细介绍和解释他的发现。

柯林斯当时只是回复了一封格式信件，要求艾略特提供进一步的证明，并要求至少要有两年一个周期的验证。艾略特不死心，持续寄出大量信件。1935 年 1 月，柯林斯才开始回复这些“潮水般的来信”，要求艾略特用电报提供他的预测。

1935 年 2 月，艾略特给柯林斯寄出了 17 页的《波浪理论》专论，之后又补充了 12 页和 5 幅走势图，之后他们开始频繁通讯。同年他们订立了如果两年后仍然证明艾略特的方法预测正确，则柯林斯帮助出版艾略特的著作的协议。1938 年 8 月，《波浪理论》出版，获得了广泛好评。之后，艾略特教授学生、出售分析报告并管理一些资金，成功开拓了自己晚年的杰出事业。1946 年 6 月，艾略特出版了修订、补充后的《波浪理论经典》。1948 年 1 月艾略特辞世。后人认为，他的一生命运曲折起伏，正是验证了波浪理论。自 1935 年开始，他在踟蹰人生低谷 8 年之久后，开始迈向人生巅峰。

艾略特及波浪理论的著作与本书有关的一些主要论述摘录如下，并附上我的理解：

在《波浪理论经典》开篇中，艾略特说："人类行为方面的研究已经证明，与社会经济相关的所有人类活动都遵循某种规律，它们在一系列相似且恒定的，有着明确浪数和形态的波浪驱动之下不断循环重演。"这应该就是艾略特的主要理论假设和基础。

艾略特还说："那些试图研究股票市场运动的人们得明白一个关键问题：市场是一种心理现象。

"我们可以通俗地讲，股票市场毕竟是人类自己创造的，因此人性的特点必定在市场中留下深刻的烙印。

"然而，就像世界上其他物体一样，市场毕竟有它自身的规律。

"只有从恰当的角度去观察市场，然后用特定的方法去分析研究，才能掌握市场背后的规律。"

在《波浪理论经典》一书中，艾略特对股市波浪最基础的阐述为："一轮完整的波浪运动由五浪构成。为什么会是五，而不是其他数字，这是宇宙的秘密之一，我不会详细解释它。

"无论如何，五个浪是最为基础的，人们不必追究其原因就可以接受此观点。

"形成一轮完整运动的五个浪之中，有三个浪的运动方向与主要运动方向相同，另外两个浪在相反的方向上前进。第一浪、第三浪和第五浪代表着向前的驱动力，我们称之为驱动浪；第二浪与第四浪代表着向后的驱动力，我们称之为调整浪。"

关于波浪理论，我自己的理解是，任何事情都有开始、发展与结束三个阶段，表现出来就是艾略特所说的第一浪、第三浪和第五浪。发展过程总会有一些反复，表现出来就是艾略特所说的第二浪和第四浪。这样我们可以去掉五浪运动的神秘感，也容易理解为什么有时候有些浪不明显或甚至好像不出现，是因为人们对事情发展的看法很强烈，所以反复不明显甚至没反复。而有时候好像不止五个浪的原因，是人们对事情发展很怀疑，就会出现多次反复，结果就不止五个浪。所以我们在分析的时候，不必将波浪理论机械化，不必硬凑齐五个浪。

在《波浪理论经典》第八章中，艾略特说："投资者与投机者最关心的事，莫过于识别出第五浪的终点，因为这是一轮行情将展开调整的标志性位置。"可以看出，艾略特也意识到，转折点是股市参与者最应该关心的问题。

波浪理论主要参考著作：

(1)〔美〕艾略特著，何平林、李艳玲、郭亦玮译：《波浪理论经典》，天津社会科学院出版社 2012 年版。

(2)〔美〕小罗伯特 · R. 普莱切特、阿尔弗雷德 · J. 弗罗斯特著，陈鑫译：《艾特略波浪理论：市场行为的关键》，机械工业出版社 2016 年版。

(3)〔美〕小罗伯特 · R. 普莱切特著，陈鑫译：《艾略特名著集》，机械工业出版社 2003 年版。

第十六章　股市趋势技术分析

关于股市趋势技术分析，有两本主要著作：一是 1932 年出版的理查德 · W · 夏巴克所著的《股市趋势技术分析圣经》，另一本是 1948 年出版的罗伯特 · D. 爱德华兹与约翰 · 迈吉合著的《股市趋势技术分析》。这几位作者的生平资料都很少，但是他们著作的内容非常丰富，在投资界广受尊崇。罗伯特 · D. 爱德华兹与约翰 · 迈吉合著的《股市趋势技术分析》原著目前已经出到第 9 版。

股市趋势技术分析的开创者是理查德 · W · 夏巴克。他在 20 世纪 30 年代曾先后担任《福布斯》杂志金融版主编和《纽约时报》周末专栏“分析家”的主编。20 世纪 20 年代在美国金融界已负盛名。他在研究道氏理论和汉弥尔顿著作的基础上，总结出一套经典的股市趋势技术分析方法，并写作了第一本股市技术分析的专著《股市趋势技术分析圣经》。该书在 1932 年出版，但现在的版本中有使用 1937 年的例子，所以我们目前所见的版本应该是经过后人整理的。

夏巴克是美国金融界第一位将图表技术应用于个股分析（而不仅仅是依靠股指）的专家。他也是后来写作《股市趋势技术分析》的爱德华兹和约翰 · 迈吉的技术导师。爱德华兹是夏巴克的妹夫，1935 年夏巴克去世后，爱德华兹接收了夏巴克所有的分析资料，并接管了夏巴克出版机构。

1942 年，约翰·迈吉遇见了爱德华兹，两人在研究夏巴克所有技术分析资料与著作的基础上，合著了《股市趋势技术分析》，并于 1948 年出版。

夏巴克的研究非常细致严谨，在他那个年代还没有计算机，图表都是要手工绘制。所以他在著作中花了大量篇幅指导读者如何绘制图表。当时人们通过手绘图表，对图表的理解一定比我们现在更深刻。

夏巴克的股市技术分析研究是以道氏理论为基础的，他在著作中首先介绍了三种主要股票价格运动趋势，然后指出“技术分析最重要的是股票价格运动趋势中的重要变化，或者说是转折点”。之后，他介绍了使用他的图表分析方法判断转折点的重要形态和众多的其他形态。这些分析结果直到现在仍然被广泛使用。

夏巴克的股市技术分析研究不是纯学术的推理，他有非常丰富的市场交易经验。因此在他的著作里，他就举了大量的实例来解释说明他的理论。在著作的最后一章，他介绍了使用他的方法如何操作的技巧，包括了如何使用他的方法选择股票，如何确定理想的买入时机等具体例子，也包括了对读者进行实际投资时避免出现的一些不良心态影响的忠告。

1948 年，罗伯特·D. 爱德华兹与约翰 迈吉在夏巴克手稿的基础上，研究、整理出版了《股市趋势技术分析》。里面主要增加的全新内容，是约翰·迈吉根据其 15 年使用技术分析理论的交易经验，总结整理出的总共 26 章的“交易技略”。这一部分，迈吉说：“是基于一个人的经验以及对成千个具体案例的分析……从经验、真诚、智力和辛勤工作中逐步发展起来的。”2005 年《股市趋势技术分析》出到了第 9 版，这时计算机、网络全都有了，但历经 70 多年，股市趋势的技术分析方法依然没变，改变的只是图表、趋势线的制作手段，以及人们交流沟通的便捷性。

作为经典中的经典、证券投资的最佳入门书、股市图表分析的权威之作，《股市趋势技术分析》至今仍牢牢处于无法超越的地位。

有关股市趋势技术分析理论的著作与本书有关的一些主要论述摘录如下：

《股市趋势技术分析》指出："技术分析最重要的是股票价格运动趋势中的重要变化，或者说转折点。

"对于任意股票或者整个市场的价格来说，长时间地保持静止都是异常的，或者说，价格是'闲不住'的。它们或者上升或者下降，而且一般都会形成趋势。虽然并不规律，但仍然是种趋势。如果形成了一个主要趋势，那么我们可以合理地认为这种趋势将持续，直到发生反转。

"一个主要趋势很少在没有前兆的情况下突然反转。当一个趋势形成后，需要花费很多时间和力量才能反转它。因此，在实际出现转折之前，我们可以获得反转的信号。

"一轮新趋势的初期运动和旧趋势中一次重大的中期转折往往难以区分。不过，从交易实用性来说，没有必要深究理论的含义，如果他能够识别出中期趋势的转折点，且能够在中期趋势向上时买入并在向下时卖出，那么，不论主要趋势如何，他都能获得稳健的收益。"

《股市趋势技术分析》对交易量的变化也做出许多分析："在学习开始阶段，我们有必要针对为什么成交量对反转形态的识别是重要的给出一个合理的解释。

“因为要反转一个下降的趋势，合理的方法是加大加强多头力量。渐渐地，多头将变得活跃起来，并回到与空头平衡的位置。最终，如果多头力量继续增强，它将超过空头并占有相对优势，于是主要趋势就被反转了。

“假定大多数情况下，在转折发生时，空头保持比较稳定的成交量，此时要反转主要趋势，需要大量的买入。虽然一笔交易中卖出与买入量必然相等，但是要阻止和逆转下行的动量，买卖双方都需要付出更多。因此，在重要的转折点，成交量指标会比之前的正常数值有所增加。

“另外一种解释成交量增加的观点是，之前的价格运动遇到了阻挡。手中持有大量股票要交易的内部人必须谨慎地行动，唯恐使价格出现快涨或快跌。但是当他们看到股价能够更容易地承受这些买入或卖出时，它们本能的反应就是加快操作的速度，加大成交量，形成反转，前提是此时新出现的多头或空头继续进行交易。”

《股市趋势技术分析》还进一步解释了对“成交量”的理解：“某天成交量的具体数值并不重要，真正重要的是该数值与前几天内成交量数值的比较，或者有时是与前几周甚至几个月内数值的比较。

“因此，在对成交量的讨论过程中，读者一定要记住的是，当提到‘高成交量’时，我们指的是成交量比该股票考虑期间平均成交量情况高。”

理查德·W. 夏巴克、罗伯特·D. 爱德华兹与约翰·迈吉对股市趋势技术分析做出了开创性的研究，他们的著作多次再版，至今无人超越。他们并非单纯的学术研究人，而是具有非常丰富的市场交易经验的成功投资人，所以他们的理论和方法才经得起市场的长期检验，成为广大投资者公认的“圣经”。

他们的方法是将市场的各种表现，归纳为系统的技术形态，从而指导实际的投资操作。只是我们不可能得到名师的亲授解惑，单靠自己去学习和理解，始终觉得不到位。于是我另辟途径，将各种市场表现，简化为唯一的“转折信号”，寻找出适合自己的投资方法。

第十七章　蜡烛图理论

蜡烛图（国内一般叫 K 线图，本书也采用这一叫法），是一种最直观的用图形反映大量股市走势信息的方法。

由美国人格里高里·莫里斯和赖安·里奇菲尔德在 1992 年合著的《蜡烛图精解》，是一部比较科学的介绍和解释 K 线图的著作。它比较全面地介绍了各种常见的 K 线图，用统计学的方法计算了各种图形的收益概率，并且尝试解释各种图形背后的市场心理变化。在本书中，我们也使用了该书归纳的主要单根 K 线的名称：

单根 K 线

K 线名称		变化				
大阳线	大阴线	光头	上下影线	单边影线		
小阳线	小阴线	光头	上下影线	单边影线	中阳	中阴
纺锤阳线	纺锤阴线					
阳纸伞	阴纸伞					
十字线		长影十字星				
墓碑		长影墓碑				
蜻蜓		长脚蜻蜓				
一字						

至于K线形态能否准确反映股市之后的走向？格里高里·莫里斯和赖安·里奇菲尔德对700万个交易日的数据进行了统计分析，平均成功率在41%～64%之间。其中有五种形态的成功率超过59%。所以，他们还是反复强调，K线形态要和其他技术分析一起使用。

《蜡烛图精解》以严谨的科学研究态度，对K线图及其形态分析进行了大量的基础研究工作，是学习K线图的必读著作之一。

后　记

如何才能在股市持续盈利？巴菲特35年（1965—1999年）的投资业绩报告对我有很大的启发（见本书第六章）。在这35年的投资生涯中，巴菲特最高的年回报率也只是59.3%，而且只有一年有这样的成绩，回报率超过30%的有13次，最难得的是这35年里他没有亏损过，而同期的美国股市有7年出现亏损。最终在这35年里他获得了1952.3倍的回报，远高于同期标准普尔指数60.3倍的增长幅度。所以如果我研究透巴菲特的方法，即使我没有他那样大的资金规模，但能做到一样（或接近）的回报率，也是很大的成功。

但按一般理解的所谓“价值投资”的有关理论和介绍，却发现不可能进行实际操作，尽管我对判断、衡量企业价值相当自信，也有相当多实际买卖企业的经验，但用于股市完全不可行。

为了研究证券市场运行的规律，我除了研究价值投资的有关理论，还研究了历史上各种具有科学态度的证券投资理论，发觉这些理论并不是互相对立的，只是从不同的角度去研究股市而已。明显的事实是，在大牛市的时候，不同理论的信徒都一样会赚钱，反之，在熊市来临的时候，你用各种理论也躲不过亏损。即使最聪明的巴菲特也不能赚钱，只是他总能巧妙地躲过，不出现亏损而已。而巴菲特的“不亏损”也证明他并不是在熊市时还持有大量股票。

直到有一天，我看到陈东先生对道氏理论的解说①，明确地指出股市牛熊转换的原因是人性的贪婪与恐惧，我才豁然开朗，不再去分析涨跌的原因，更不去预测以后的走势，集中精力观察当前和以前的趋势，留意趋势转变的“信号”。

所谓“信号”就是市场上认同已经发生反转的人，用他们的买卖行为来确认他们的判断，所表现出来的 K 线图形。因为扭转一个趋势并不简单，所以这个扭转的行为就不可能看不见，尽管我认为并不能量化或者使用什么数学方法去精准地确定这个“信号”（模拟应该是可以的，但这不是我的能力可以做到），但我相信这个“信号”是存在的并足够明显到可以观察出来。

因为大家都知道“信号”的重要性，结果是研究出了许多“信号”，以及无数种分析“信号”的方法。而我的方法不同之处，在于我只关注每次中期趋势反转都必然会出现的唯一特征，也就是本书所说的“转折信号”。

我用中国股市差不多 20 年的数据验证自己的想法，也进行了 8 年的实盘操作，证实了我的方法是可行的和有效的。我的方法很简单，但是需要很透彻的理解和坚定的信念，股票市场太多干扰和诱惑，业绩是检验对错的唯一标准！

本书介绍的可能是最简单的一种炒股方法，但简单不等于不思

---

① 陈东著有《道氏理论（探源版）》，该书是国内全面介绍道氏理论的图书。

考、不练习，正是反复的思考、大量的练习，再通过长期的实践，才能将炒股变得简单。

特别感谢早期支持、鼓励我研究股市投资方法的贾辉先生及所有关注、帮助我完成本书的朋友！

红宝石工作室（微信号 hbs20180808）

陈小章

2018 年 12 月于汕头